¡FLUYE!

Vive la felicidad
en el presente

Pilar Fernández Marín
María del Mar Morales Hevia

Pilar Fernández Marín
María del Mar Morales Hevia

¡FLUYE!

Vive la felicidad en el presente

www.edaf.net

MADRID - MÉXICO - BUENOS AIRES - SANTIAGO
2017

© 2017, Pilar Fernández Marín y María del Mar Morales Hevia
© 2017. De esta edición, Editorial EDAF, S.L.U., por acuerdo con Ilustrata, S.L. Agencia Literaria. Calle Espronceda 300, 4, 08027 Barcelona

Diseño de la cubierta: Gerardo Domínguez
Maquetación y diseño de interior: Diseño y Control Gráfico, S.L.

Editorial Edaf, S.L.U.
Jorge Juan, 68,
28009 Madrid, España
Teléf.: (34) 91 435 82 60
www.edaf.net
edaf@edaf.net

Ediciones Algaba, S.A. de C.V.
Calle 21, Poniente 3323 - Entre la 33 sur y la 35 sur
Colonia Belisario Domínguez
Puebla 72180 México
Telf.: 52 22 22 11 13 87
jaime.breton@edaf.com.mx

Edaf del Plata, S.A.
Chile, 2222
1227 Buenos Aires (Argentina)
edaf4@speedy.com.ar

Edaf Chile, S.A.
Coyancura, 2270, oficina 914, Providencia
Santiago - Chile
comercialedafchile@edafchile.cl

Septiembre de 2017

ISBN: 978-84-414-3745-6
Depósito legal: M-11207-2017

A mi madre, por darme la vida y entregarme la suya.
(Pilar Fernández Marín)

*A mi madre, por traerme al mundo, apoyarme
y sentirse orgullosa de mis logros.*
(María del Mar Morales Hevia)

Índice

Agradecimientos

En primer lugar, nuestro especial agradecimiento a Ángela Reynolds, de la Agencia Ilustrata, persona extraordinaria que, con sus geniales aportaciones, dedicación, apoyo y cariño nos lleva hasta donde queremos estar.

A nuestra editorial y su equipo, que en poco tiempo supo sintonizar con nosotras, apoyarnos y tranquilizarnos en esta ilusionante andadura divulgativa.

A los directores de la tesis de Pilar, Miguel Ángel Pérez Nieto y Héctor González Ordi, que nos introdujeron en la investigación en Psicología Positiva, y todavía seguimos contando con su valioso apoyo.

A Gonzalo Hervás, quien, desde que formó parte del tribunal de tesis de Pilar, nos ha inspirado como ejemplo a seguir en el apasionante mundo de la Psicología Positiva.

A Marisa Salanova y Alma María Rodríguez, por su generosa colaboración al facilitarnos el acceso a sus investigaciones sobre *Flow*.

A Antonella Delle Fave, por toda la documentación que nos entregó y porque con sus aportaciones y consejos magistrales conseguimos avanzar en el complejo mundo de la medida del *Flow*.

A los estudiantes de la Universidad de Granada, jóvenes y mayores; a los pacientes y profesionales del Hospital Asepeyo Coslada, que durante años han participado en nuestras investigaciones. Hemos aprendido con ellos y su confianza y cariño ha sido un regalo para nosotras.

A Azucena y Fran Montes, José Collado, psicólogos, por sus consejos certeros, apoyo informático y su presencia activa y cálida.

Prólogo

Mihaly Csikszentmihalyi, ruso de origen aunque afincado en Estados Unidos desde hace décadas, es conocido fundamentalmente por dos razones. En primer lugar, por ser uno de los padres de la Psicología Positiva y autor del término *fluir*. Y en segundo lugar, por ser el «psicólogo de nombre impronunciable». Hasta el punto de que hace años se creó una regla mnemotécnica para facilitar a los propios estadounidenses su pronunciación (*Me high? Cheeks send me high!*).

Tuve la suerte de coincidir con Mihaly en uno de los dos encuentros Medici que organizó Martin Seligman en el Centro de Psicología Positiva de la Universidad de Pennsylvania, cuando la Psicología Positiva apenas daba sus primeros pasos. Esos encuentros insólitos consistían en reuniones informales en torno a cervezas, zumos y pastas durante tres semanas a lo largo del mes de junio. Diversos ponentes invitados planteaban un tema y, a continuación, se generaban fructíferos debates entre las 20 o 25 personas que participaban. Personalmente fue una oportunidad única poder presenciar aquellas discusiones, y digo «presenciar», porque... ¡no recuerdo participar en ninguna de las sesiones plenarias! El nivel era altísimo, alrededor de esa mesa se sentaban académicos de la talla de Ed Diener, Chris Peterson, Barry Schwartz, además de Martin Seligman y el propio Mihaly, por citar algunos. Aunque todos aportaban interesantísimas reflexiones, las intervenciones de Mihaly generaban en mí, invariablemente, un sentimiento de asombro y admiración. Eran comentarios endiabladamente afilados, inteligencia y sabiduría en estado puro. Un gran académico y una gran persona, cuyas aportaciones científicas han sido importantísimas y cuyas ideas, junto con otras de otros autores, se entretejen en el presente libro.

He de decir que me produjo una gran alegría recibir la invitación a escribir este prólogo. No se escriben muchos libros de Psicología Positiva que estén basados en investigación. Este libro lo está, y además tiene otras muchas virtudes que más adelante detallaré.

Digo que es importante que esté basado en investigación seria porque, si la Psicología Positiva se independizara de la investigación, se convertiría en un mercado de gurús, y al poco tiempo, en un espectáculo de frivolidad. Todo eso ya existe en otros campos, todos lo conocemos. Y como sabemos, acaba siendo irrelevante, ya que no aportan resultados sólidos, sino más bien promesas que en la mayoría de los casos no se materializan. El camino de la investigación es más lento, pero más fiable y da una fruta mucho más sabrosa a medio plazo. Por el contrario, y siguiendo la metáfora del sabor, cuando la semilla de la positividad artificiosa germina, aunque esté fertilizada por buenas dosis de *marketing* y oportunismo, incluso aunque el terreno esté bien cuajado de buenos deseos, lo que se obtiene en el mejor de los casos es un tomate posmoderno: perfecto por fuera pero absolutamente insípido por dentro. Resumiendo, sin rigor no hay paraíso.

Y el presente libro se escribe desde el rigor, y como decía antes, tiene otras muchas virtudes. Se centra en un tema aún poco conocido por el gran público, a pesar de su importancia y de la gran cantidad de investigación que ha acumulado en las últimas décadas. Por eso es un libro necesario y oportuno.

También es un libro versátil ya que puede ser de utilidad a quien quiera introducirse en el concepto de fluir y en las teorías más actuales sobre el tema, pero también a aquellos que quieran aplicarlo y desarrollarlo más en su vida. Es un libro, por tanto, que puede ser útil tanto para psicólogos/as como para personas que quieren proyectar los beneficios de la experiencia de fluir en sus propias vidas.

Las autoras no se olvidan del momento histórico que vivimos, e insertan sus planteamientos en un discurso más amplio, sobre cómo vivimos y sobre cómo podríamos vivir en nuestras sociedades occidentales. También incluyen aspectos menos conocidos como la autoexpansión que pueden ampliar las miras del lector más interesado. En resumen, es un libro muy completo, basado en la evidencia y práctico.

Como ya he dicho, me alegró ver el tema del libro y cómo estaba plasmado. Pero sobre todo me alegró ver quiénes lo firmaban y me gustaría acabar este prólogo dedicándoles unas palabras. Sin duda, son dos mujeres que conocen muy bien el campo de la Psicología Positiva y que tienen también muchas virtudes. En primer lugar, sus modos confirman, para quien necesite confirmación, que la Psicología Positiva no tiene nada que ver con actitudes superficiales e inconsistentes, sino más bien todo lo contrario. Pilar y Mar son dos profesionales de primer nivel que son capaces de integrar en su labor cotidiana, en un contexto sanitario, conceptos y aplicaciones de la Psicología Positiva. Son, por tanto, y cada una en su ámbito, un ejemplo vivo de cómo integrar estos nuevos conocimientos y habilidades en un contexto aplicado. Con las dos he compartido momentos muy gratificantes tanto en el contexto académico como en diferentes congresos donde también hemos coincidido. Diría que ambas comparten algunas características positivas, quizá de ahí su buena compenetración, entre las que destacaría su empuje, su humildad o su autenticidad. Asimismo, ambas transmiten sabiduría y equilibrio. Y lo destaco porque no es asunto baladí: aplicar con éxito la Psicología Positiva requiere no solo de un amplio bagaje en términos de formación, sino también un «algo más». No es necesario manifestar una madurez ejemplar ni ser un lecho de virtudes. Basta con presentar una serie de actitudes y valores que permitan que el contenido y el continente no pierdan la coherencia.

Enseñar es transmitir, y se transmite, en primer lugar, lo que se vive. Y este libro es un ejemplo de ello.

GONZALO HERVÁS TORRES

Presidente de la Sociedad Española de Psicología Positiva

Profesor de la Universidad Complutense de Madrid

Prefacio

Desde hace treinta años, desde la terapia y la docencia, en el hospital y en la universidad, estamos en contacto con personas de diferentes edades y distintas circunstancias vitales. Nos sentimos cuidadoras de su salud; trabajamos para prevenir y curar, tanto a nivel físico como psicosocial. Pero hace más de veinte años nos dimos cuenta de que las personas, además de conseguir estar sanas y superar las adversidades de la vida, buscaban sentirse mejor, darle sentido a sus vidas, reconciliarse con el pasado, tener proyectos que les ilusionaran, sentirse satisfechas... Es decir, experimentar lo que podríamos decir que es vivir con salud, felicidad, bienestar y calidad de vida.

Cientos de personas nos han confiado su salud y sus vidas, nos han contado sus historias, por lo que nos sentimos muy honradas y agradecidas. Nosotras —en esa enriquecedora experiencia— también hemos aprendido, sanado y crecido.

Por ello, nuestra vocación es terapéutica y docente. Así, hemos desarrollado programas de intervención clínica y educativa para facilitar el aprendizaje de la salud, entendiendo que la salud significa, no solo ausencia de enfermedad física o mental, sino presencia de bienestar físico y psicosocial, disfrutando de capacidades y recursos para superar adversidades y creando condiciones que permitan el desarrollo personal. Es un concepto de salud positiva: no solo detectar los agentes que causan enfermedad, sino también aquellos que causan o mantienen la salud. Se trataría, pues, de combatir la enfermedad, aliviar el sufrimiento y promover una buena vida, una vida que merezca la pena ser vivida.

Nosotras somos amigas y disfrutamos enormemente estudiando, pensando, escribiendo, compartiendo nuestras experiencias, entregadas por entero a ello para aplicarlo en alumnos y pacientes, y en nuestro propio crecimiento personal. Cuando lo estamos haciendo, el tiempo se nos pasa sin sentir, estamos tan concentradas que incluso no sentimos cansancio o hambre, experimentamos el reto del conocimiento y nos ponemos a prueba en nuestras capacidades intelectuales y creativas. Nuestras principales fortalezas comunes son el aprecio de la excelencia, el amor por el aprendizaje y las personas, el pensamiento crítico, la perseverancia y la apertura de mente. Las ponemos en acción cuando trabajamos. Nuestra mente se expande, nos esforzamos por conseguir algo difícil (como preparar una clase, diseñar un tratamiento, escribir un artículo o un libro), novedoso y que a la gente le vaya bien para mejorar su salud y bienestar. Y el solo hecho de hacerlo nos produce disfrute individual y compartido, es tan gratificante que lo repetimos un año tras otro. Nos sentimos bastante felices con ello.

No sabíamos que a esto se le llamaba *fluir* hasta que una tarde, paseando por una librería (otra de nuestras grandes aficiones de compartido disfrute), al mismo tiempo a ambas se nos fueron las manos al libro: *Fluir (Flow)*, sobre un tema que por entonces era novedoso en España, de un autor no muy conocido aún y de nombre casi impronunciable: Mihaly Csikszentmihalyi. Lo compramos y pasamos horas enfrascadas en su lectura. Fue entonces cuando Pilar decidió hacer su tesis doctoral sobre *Flow* (Flujo en castellano). Y a partir de ahí, se desplegó un gran horizonte en nuestras vidas, hasta hoy.

No obstante, nuestra trayectoria había comenzado antes. En la década de los 80 una de nuestras tesinas de licenciatura versó sobre el cuerpo humano, enmarcada en la antropología de Laín Entralgo y la medicina psicosomática de Rof Carballo. Asimismo, la Sofrología de Caycedo nos introdujo entonces en una concepción teórica y práctica hacia la armonía de la consciencia en la que ahora ha encajado como un guante el Mindfulness.

Nos hemos formado en enfoques integrativos humanistas, que unen en la psicoterapia los aspectos cognitivo, comportamental, fisiológico, emocional y sistémico, al servicio del crecimiento personal, individual y social. El modelo humanista incluye un amplio abanico de enfoques de comprensión de la experiencia humana y de la expansión del potencial de cada persona. Insiste en las experiencias que favorecen: la autorrealización, espontaneidad, capacidad de dar y recibir amor, creatividad, valoración de la responsabilidad individual, autenticidad y trascendencia. Está interesada por los vastos dominios poco explorados del bienestar más allá de la simple ausencia de enfermedad. Le concierne lo que se relaciona con estilos de vida ecológicos. Anima el desarrollo y la comprensión del poder que tiene cada persona para controlar su vida. Y también trata de la teoría y práctica del funcionamiento de las organizaciones y de su transformación en lugares nutricios donde las personas puedan expandirse.

Por ello, cuando a principios de este siglo irrumpió con fuerza la psicología positiva, encontramos en sus investigaciones y métodos una estupenda herramienta para incorporar a nuestro bagaje y quehacer diario. Como ya hemos dicho, nos inspiró el *Flow* para hacer una de nuestras tesis doctorales. *Fluir* es entregarse, disfrutar creativamente del presente con las actividades de nuestra vida cotidiana utilizando el poder de la atención y poniendo en acción nuestras habilidades y fortalezas personales. *Fluir* nos permite crecer, contribuye a crear una vida significativa, mejorando la felicidad y el bienestar personal y social.

Por todo ello, en estas décadas orientan nuestro trabajo las preguntas: ¿Cómo podemos contribuir para que las personas mejoren su salud y vivan mejor? ¿Cómo podemos explorar e investigar sobre ello? ¿Cómo elaborar materiales (recursos) didácticos para facilitarles aprendizajes vitales? Es muy gratificante para nosotras ir creando las respuestas.

Las investigaciones y modelos teóricos son de una extraordinaria complejidad. En ellos, y en nuestra experiencia personal, nos hemos basado para escribir este libro. Hemos pretendido mostrar, de forma clara y amena (sin alejarnos del rigor), posibilidades y estrategias para el buen vivir, sabiendo no obstante que los caminos para lograr la felicidad y el bienestar no son fáciles de transitar.

Con este libro queremos aportar nuestro pequeño grano de arena, aprender a disfrutar significativamente del presente, en esta inmensa playa de aguas profundas, muchas veces insondable, que es la vida plena.

Aun así, en sus páginas hay espacio para que cada lector o lectora escriba sus propias ideas y experiencias sobre el porqué y cómo el presente merece ser vivido. Entonces, la obra estará completa. Muchas gracias por compartir con nosotras esta trayectoria. Confiamos en que a ella se incorporen un mayor número de personas.

INTRODUCCIÓN

Fluir es vivir...

Como en este pequeño manual nos interesa el ser humano de forma integral, con sus sentimientos, su conducta, sus ilusiones, sus debilidades, sus anhelos... vamos a intentar observarlo y analizarlo desde el prisma de la visión de conjunto, pero centrándonos en aquello que le puede aportar felicidad a su existencia.

Fluir, la felicidad en el presente

Una buena vida incluye tanto vivir el presente como pensar en el futuro y hacer planes, aprender de los errores del pasado y disfrutar de los mejores recuerdos. Somos felices cuando disfrutamos y agradecemos el presente. Somos felices cuando tenemos proyectos, sueños y aspiraciones, en consonancia con nuestras habilidades y valores personales. Somos felices cuando agradecemos las experiencias pasadas valiosas que nos llenaron de alegría y nos ayudaron a crecer. Por ello, como con casi todo en la vida, podemos encontrar el equilibrio entre proyectarnos hacia objetivos de futuro, atesorar el pasado y estar concentrados en el aquí y el ahora.

Mientras estás leyendo esto, detente un momento y piensa dónde ha estado tu mente más tiempo a lo largo del día:

- ¿Planificando, soñando o temiendo lo que puede ocurrir en el futuro?
- ¿Recordando lo que ya ha ocurrido?
- ¿Contactando atentamente con el momento presente?

El presente es lo único que tenemos seguro y que es real. Aunque a veces no podemos estar presentes porque tenemos la cabeza en otro sitio.

Parece que rara vez vivimos en el presente y lo disfrutamos, porque creemos que lo más importante ocurrirá en el futuro o que ya ha ocurrido. Postergamos nuestra felicidad y nos convencemos de que mañana será mejor que hoy o nos recreamos en la nostalgia de que cualquier tiempo pasado fue mejor.

Fluir es una estrategia que promueve vivir en el presente: es un estado mental relacionado con las emociones positivas y la felicidad, y se intensifica cuando estamos plenamente atentos y concentrados. Ponerlo en práctica es una manera de convivir con nuestros genes y las circunstancias de la vida y dar un paso para ser más felices, aprovechando al máximo nuestras posibilidades de actuación personal.

Este libro está dedicado a fluir, a disfrutar del presente. Porque saber disfrutar de las experiencias de la vida es uno de los ingredientes de la felicidad. Además de fluir, saborear el momento es un medio de generar, prolongar o intensificar las emociones positivas, mientras que está ocurriendo un acontecimiento positivo. Cuando saboreamos el momento, aumenta nuestro afecto positivo y la satisfacción con la vida.

La capacidad de disfrutar, no obstante, varía de unas personas a otras y también depende de las etapas de la vida y se afecta cuando las circunstancias son muy adversas. Una de cada cuatro personas puede pasar una enfermedad psiquiátrica a lo largo de su vida. Aun así, todos podemos aprender a combinar en el día a día el *flow* y el disfrute con el malestar, el cansancio, la falta de sentido, el estrés o las actividades rutinarias.

> El desafío no es experimentar disfrute y bienestar cuando todo va bien, sino, en la medida de nuestras posibilidades, convertir en un hábito crear momentos para disfrutar con las pequeñas o grandes cosas de nuestra vida cotidiana.

Podemos disfrutar del pasado recordando los momentos felices o especiales. Podemos disfrutar del futuro cuando esperamos, de forma optimista, que nos ocurra lo mejor. Ambos disfrutes son valiosos para nuestro bienestar, pues traerlos al presente nos produce placer.

Sin embargo, en este libro vamos a centrarnos en el disfrute del presente, pues es lo que ocurre en las experiencias de *flow* cuando vivimos el momento estando absortos y siendo plenamente conscientes de lo que ocurre, ya sea leyendo un libro, jugando con nuestros hijos, haciendo yoga, preparando una clase o saboreando una exquisita comida.

Fluir es una experiencia óptima

El camino a la felicidad no pasa por un superficial hedonismo, sino por asumir el reto de aumentar la calidad de nuestras experiencias óptimas de disfrute. Los estados de experiencias óptimas son esos momentos en los que experimentamos un profundo sentimiento de gozo creativo, momentos de concentración activa, absortos en lo que estamos haciendo y con un gran disfrute. El rendimiento es máximo, el tiempo y los conflictos se desvanecen. Nuestras habilidades están ajustadas a los retos que nos plantea la vida. Este estado especial de la consciencia se denomina *flow, fluir*.

Por su contribución a la felicidad global y al entendimiento integral de la personalidad humana, abordamos en este libro las cuestiones fundamentales de esta experiencia: ¿Qué es fluir y cómo contribuye a la felicidad? ¿Cómo conseguir fluir con las experiencias cotidianas? ¿Cómo medir nuestros estados de flujo?

Al escribir este libro queremos transmitir el mensaje de que es posible, con decisión y aprendizaje, convertir en experiencias ordinarias las que han sido definidas como extraordinarias por no conocerse el camino para desarrollar habilidades de expansión y crecimiento de nuestra consciencia. Quizá hayamos estado más centrados en las patologías, limitaciones y sufrimiento y menos en el desarrollo del potencial humano creando posibilidades personales.

Todos podemos crecer y evolucionar si conocemos el camino, si aprendemos un método. Nuestra intención es proponer claves para sentirnos más felices y vivir con mayor plenitud integrando y superando las adversidades y creciendo como seres humanos. Y fluir nos ayuda a crecer, además de proporcionarnos bienestar y felicidad.

Entendemos que buscar nuestro bienestar y desarrollo es el primer paso para, ineludiblemente, comprometernos con el bienestar del resto de las personas. Pero nuestra propuesta de positividad no da la espalda al dolor, a las dificultades, las limitaciones y las oscuridades que forman parte de la vida cotidiana.

Disfrutar del presente es otro aprendizaje más que se ensambla en vivir saludablemente la tridimensionalidad temporal: sentirnos satisfechos con el pasado, integrarlo y agradecerlo; proyectarnos con optimismo y sentido hacia el futuro y vivir el ahora disfrutando del presente y desarrollando nuestras habilidades y fortalezas personales.

En este encuadre amplio que hemos presentado sobre las posibilidades de aumentar nuestra felicidad, proponemos en este libro uno de los caminos más importantes como es fluir.

Después de leer este capítulo, esperamos que te haya interesado saber más sobre qué es el *flow;* y sobre todo, cómo conseguirlo de forma práctica para sentirte más feliz. Fluir es entregarse, disfrutar creativamente del presente con las actividades de nuestra vida cotidiana, utilizando el poder de la atención y poniendo en acción nuestras habilidades y fortalezas personales. Fluir nos permite crecer, contribuye a crear una vida significativa, mejorando la felicidad personal y social.

Como hemos visto, parece que aprender a fluir es una tarea que bien merece la pena acometer. Por ello, hemos decidido elaborar esta guía práctica. en ella encontrarás de forma clara y amena todo lo que hay que saber para conseguir el objetivo; el único requisito es tener paciencia, leer con detalle los capítulos y comenzar a practicar.

¡Ánimo!, la empresa bien merece la pena. ¡Fluye!
Fluir es vivir...

1

¿QUÉ ES FLUIR?

Fluir es disfrutar creativamente del presente con las actividades de nuestra vida cotidiana, utilizando el poder de la atención y poniendo en acción nuestras habilidades y fortalezas personales

El vocablo más utilizado internacionalmente para referirse a la acción de fluir es *flow, que* en nuestro idioma se traduce como «flujo» o «fluir».

Fluimos cuando nos involucramos completamente con la vida, salimos del aburrimiento y del sinsentido, cuando nos encontramos inmersos en una tarea que nos gusta mucho, tanto que, cuando la realizamos, nos parece que nos olvidamos de nosotros mismos, el tiempo vuela, sentimos que tenemos absoluto control de la situación, nuestros problemas se esfuman y tan solo quedamos nuestra tarea y nosotros mismos, únicamente que ya no tenemos un yo, este ha desaparecido y se ha fundido con la acción.

Fluir. Cuando la entrega es disfrute

Fluir es una experiencia óptima extremadamente *disfrutada* en la que se experimenta *total concentración* y disfrute con un *alto interés* por la actividad. Presenta tres elementos: *absorción* (total concentración en la actividad), *disfrute* (placer) y *motivación intrínseca* (el placer por el placer, la actividad se vuelve un fin en sí misma).

Disfrutar, trabajar con gusto y por gusto, vivir plenamente, son palabras clave para una vida dichosa. Que nuestra actividad sea nuestro disfrute, eso es la experiencia de flujo. Podemos entrar en contacto con experiencias placenteras practicando actividades que requieren aprendizaje y que nos hacen sentir bien a medida que mejoramos su ejecución, lo que nos produce experiencia de flujo, aunque no necesariamente a otras personas. Cada persona fluye de forma diferente. Ayudarte a encontrar la tuya propia es uno de los objetivos de este libro.

La relación entre la experiencia de flujo y la felicidad es compleja. En el caso de disfrute pasivo, como tumbarse en el sofá a ver la televisión, hacer un viaje en autobús o disfrutar de una buena comida, las experiencias placenteras no incrementan nuestra creatividad y habilidades personales y pueden crear adicción. Sin embargo, cuando practicamos alguna de nuestras habilidades, como escribir un artículo, interpretar una pieza musical, escalar una montaña o cocinar, nos sentiremos orgullosos, plenos, satisfechos y felices.

> La felicidad es el eje de la psicología positiva. Es algo real que se define con la medida de la satisfacción con la vida. La felicidad cuenta con tres aspectos: emoción positiva, entrega (*flow*=flujo, fluir) y sentido, cada uno de los cuales aviva la satisfacción con la vida.

Cuando en 2002 Martin Seligman elaboró su teoría de «*La auténtica felicidad*», consideró que las personas eligen en la vida en función de lo que les hace felices. Una década después, ha desarrollado la teoría del bienestar. Propone tres vías para la felicidad: la *vida placentera*, la *vida comprometida* y la *vida significativa*. Para la primera, la receta es llenar la vida con todos los placeres posibles, y aprender métodos para saborearlos y disfrutarlos más. Este es el nivel más superficial, *hedónico*. El segundo nivel es el de la buena vida o vida comprometida, se refiere a lo que Aristóteles llamaba *eudaimonia*. Para conseguir esto la fórmula es poner en práctica las fortalezas y las habilidades personales para desarrollar la experiencia óptima del *Flow=Fluir:* que conseguimos cuando estamos totalmente concentrados en una actividad que supone un reto; tras lo cual nos sentimos satisfechos, alegres y con una fuerte autoestima. Sentir esto, conseguir abundantes experiencias de flow, nos hace más felices.

La vía del Fluir es la que proponemos seguir, una guía que ayudará a conseguir el estado de flujo y, por ende, la felicidad, sobre todo a aquellas personas que encuentran más dificultades en alcanzarlo de forma natural. Pero también ayudará a mejorar la experiencia a aquellas otras que ya han conseguido vivir la experiencia de fluir espontáneamente. Todas ellas se beneficiarán si tienen la motivación y la paciencia de leer este trabajo y seguir sus indicaciones.

Breve historia del flujo

El fenómeno de la experiencia de flujo fue identificado y descrito por primera vez en 1975 por Mihaly Csikszentmihalyi. La pregunta inicial que desencadenó todos sus trabajos, que lo llevó a describir este peculiar fenómeno y que originó la ingente cantidad de investigación que sobre flujo se ha realizado y se sigue realizando en el mundo entero, fue: «¿Por qué las personas dedican su tiempo a efectuar actividades a menudo difíciles y peligrosas, por las que frecuentemente no reciben ningún tipo de recompensa?».

Fluir es la palabra que más repetían las personas sobre las sensaciones que tenían cuando estaban absortas haciendo algo con lo que disfrutaban y en donde sus habilidades estaban equilibradas con el reto, con una percepción distorsionada del tiempo.

Este autor comenzó sus estudios sobre los años setenta, investigando las sensaciones que experimentaban cirujanos, artistas, deportistas, jugadores de ajedrez, escaladores, etc. Todos ellos personas que experimentaban un gran gozo al realizar un determinado tipo de actividad. Csikszentmihalyi continuó estudiando estas sensaciones tan especiales y placenteras y haciéndose preguntas sobre la naturaleza y la estructura de lo que parecía todo un fenómeno experiencial, bien definido y perfectamente identificado por quienes eran capaces de sentirlo.

Al estudiar la estructura de los componentes del disfrute y los aspectos periféricos de este, descubrió que el placer que sentían era de una naturaleza especial, y contaba con unas cualidades específicas, que él fue capaz de especificar y articular correctamente por primera vez.

La siguiente pregunta que Csikszentmihalyi se hizo fue si las personas sin una pasión tan intensa por la actividad que ejecutaban podrían sentir igual que los que ya presentaban esa pasión, este especial estado llamado *flujo*. También se preguntó por lo que pasaría si las tareas a realizar resultaran demasiado monótonas y poco atractivas; en estos casos parecía que lo lógico sería pensar que no se podía llegar a alcanzar la ansiada experiencia óptima. Pero, al parecer, el citado autor piensa que esto no tiene que ser necesariamente de esta manera, sino que algunas personas pueden aprender a disfrutar de tareas que por sí mismas pueden resultar bastante aversivas.

Siendo esto así, sin embargo, con la habilidad suficiente se pueden transformar estas actividades desagradables en agradables, las cuales pueden ser susceptibles de proporcionar gozo suficiente como para querer realizarlas por pura motivación intrínseca; es decir, sin esperar ningún tipo añadido de recompensa más que el mero placer de ejecutarlas. A estas personas las llamó *autotélicas*, por la capacidad especial que tenían para motivarse de forma intrínseca (sin esperar nada por ello), y para disfrutar con actividades que probablemente a otras muchas personas no generaran disfrute.

Con el tiempo este mismo autor y su equipo fueron extrayendo conclusiones importantes de todas estas investigaciones: parece que la vivencia que experimentaban los entrevistados al realizar la actividad objeto de su elección, era muy parecida, aunque las tareas ejecutadas en realidad fueran tan diferentes como escalar una montaña, realizar una intervención quirúrgica, o pintar un cuadro. Sin embargo, la experiencia y los sentimientos que todas estas personas describían eran muy similares.

Se expresaban en términos de experiencias de máximo disfrute, en las que el tiempo parecía volar, se sentían fluir, se olvidaban de todo, la actividad se ejecutaba con plena involucración, sin apenas sensación de esfuerzo o fatiga, y la concentración era máxima. La vivencia era tan placentera que los entrevistados afirmaban querer repetirla una y otra vez, en ausencia de cualquier tipo de recompensa externa y aunque tuvieran que sufrir penalidades extremas como en el caso de los grandes escaladores, o incluso tuvieran que recorrer grandes distancias. Nada influía en el resultado de la experiencia: ni las distintas condiciones sociales, ni las diferentes personalidades; el estado de flujo una vez alcanzado resultaba igual para todos, siempre se narraban estas experiencias óptimas de forma similar.

Csikszentmihalyi pronto se dio cuenta de que este tipo de experiencias constituían todo un fenómeno por sí mismas y convino en llamarlas *experiencias de flujo o experiencias óptimas*. Esta denominación se la dio porque sus entrevistados describían este fenómeno ayudándose de la metáfora de una corriente que les llevaba adelante sin experimentar sensación de esfuerzo alguno. Y así fue cómo nació y se describió uno de los fenómenos vivenciales más importantes y transcendentes de la psicología positiva. Desde su nacimiento a nuestros tiempos mucho se ha avanzado en su investigación y mucho se ha escrito sobre él, aunque quizá no todo lo que cabía esperar de un fenómeno de su importancia.

Definición de *flujo*

Llegado este punto estaríamos ya en disposición de dar una clara definición de flujo.

> El *flujo* es principalmente una experiencia en la que las propias capacidades se encuentran en equilibrio con los retos que se nos presentan al ejecutar una tarea, en la que encontramos unos objetivos claros y unas normas sujetas a *feedback* para orientarnos sobre nuestra ejecución. Además, la concentración que conlleva la citada tarea es muy intensa, consiguiendo alterar la percepción del tiempo e incluso la conciencia del yo. Todo este proceso resulta tan increíblemente agradable que queremos repetirlo incluso en ausencia de recompensas externas.
>
> Fuente: Csikszentmihalyi (1990)

Acabamos de citar una clásica definición de flujo del padre del mismo; es sencilla, concisa y clara, y *a priori* nos permite acercarnos brevemente a la naturaleza del fenómeno.

En primer lugar, sabemos que se trata de una experiencia, pero no una experiencia cualquiera, sino especial, porque conlleva una serie de características. La primera y principal que aborda es que habilidades y metas deben estar en equilibrio; además, las metas deben de ser claras y concisas. Tras esta primera característica encontramos otra: que la ejecución de la tarea se encuentre sujeta a *feedback;* o lo que es lo mismo, que mientras realizamos la tarea, exista algún mecanismo por el que podamos sentirnos informados de cómo lo vamos haciendo. Por ejemplo, en el tenis se cuentan los puntos de uno y otro jugador a lo largo de todo el partido. Pero todo este proceso exige siempre una intensa concentración. Solo conseguiremos alcanzar el estado de flujo si nos dejamos absorber intensamente por la actividad que realicemos; en el momento en que perdamos esta concentración, la experiencia de flujo cesará.

Si al realizar una actividad conseguimos hacerlo siguiendo todas las normas anteriores, fluiremos; y si conseguimos fluir, a buen seguro querremos repetir la experiencia, aunque no obtengamos ningún tipo de recompensa por ello. O lo que es más, aunque suframos todo tipo de penalidades en el intento, como bien sería el ejemplo de un alpinista que intenta alcanzar un ocho mil, lo disfrutará aunque se tenga que enfrentar a un frío atroz y peligros indefinidos. Al fluir el tiempo volará y nos olvidaremos de nosotros mismos, así de intensa puede resultar una experiencia de este tipo.

Tras la comprensión de la definición de flujo, podríamos decir que la característica más distintiva de este fenómeno, es quizá que es un *proceso*, o *estado dinámico* y no un estado completamente estático. Lo que supone una compleja experiencia, capaz de producir placer por sí misma y no tanto por sus resultados. La satisfacción no se encuentra en los resultados, sino en el proceso de la actividad en su conjunto, lo cual permite una sensación más prolongada (Salanova, M. 2006).

El estado de flujo o experiencia óptima es, por tanto, un fenómeno vital sumamente agradable, de naturaleza cognitiva y emocional, pero sujeto a algunas características muy específicas que se deben cumplir para que este tenga lugar.

A continuación exponemos otro ejemplo real de flujo de un paciente nuestro que creemos es especialmente clarificador porque recoge algunas de sus características:

> *«Me siento al piano, respiro y de momento ahí tengo a mis manos dando vida a las notas de las partituras, parece que hubieran buscado la independencia de mi cuerpo, yo no interpreto, ellas interpretan por sí mismas, tan solo me acomodo a su ritmo y me dejo llevar... No hago nada especial, pero siento que me fundo con la música, formo un todo con ella, respiro a su compás, me dejo mecer en ella... el objetivo es permanecer ahí, al margen del tiempo, respirando música, viviendo música, sintiendo vida auténtica, la vida es mi música y alrededor no hay nada más, solo música y... felicidad».*

Dimensiones del estado de flujo

Tras la explicación de la definición de flujo, el lector probablemente haya comenzado a formarse una idea de lo que significa fluir; en la misma aparecen ya los elementos más importantes que nos pueden transportar a tan magnífica experiencia. Hasta es probable que con la explicación anterior, nos podamos imaginar teniendo una de esas fantásticas experiencias. Cada uno seguro se estará visualizando practicando sus aficiones favoritas: unos se verán fluyendo dentro de una cancha de baloncesto, otros esquiando y seguro que alguno más bailando, escribiendo o cocinando. Bien, si es así vamos en la buena dirección, estamos comprendiendo lo que significa fluir y comenzamos a captar su esencia.

Sin duda alguna, para comprender mejor este fenómeno, debemos ampliar un poco lo que hemos aprendido con la definición anterior. Para ello, vamos a hablar ahora de las 9 dimensiones del flujo que describieron Jackson y Csikszentmihalyi, las que son necesarias para alcanzar la anhelada experiencia. De todas las características del flujo, son estas las que a nuestro modo de ver resultan mejor articuladas, más claras y útiles. Estas nueve dimensiones constituyen por tanto la *naturaleza* del flujo y se citan en todos los manuales que tratan sobre el tema. Su importancia por tanto es máxima si queremos conseguir aprender a fluir, por lo que debemos leerlas con gran atención y lo que es más importante, procurar retenerlas y ponerlas en práctica una vez que ya hayamos elegido aquella actividad que nos agrade y con la que pensemos que podamos ser capaces de fluir.

Veamos cuáles son estas:

- Equilibrio reto-habilidad.
- Fusión acción-atención.
- Metas claras.
- *Feedback* sin ambigüedad.
- Concentración en la tarea encomendada.
- Sensación de control.
- Pérdida de conciencia del propio ser.
- Transformación del tiempo.
- Experiencia autotélica.

Componentes del flujo según Jackson y Csikszentmihalyi (1999)

Equilibrio entre reto y habilidad

Esta primera dimensión del flujo es la principal regla de oro para conseguir alcanzar una experiencia óptima. Se refiere a la importancia de la percepción de equilibrio entre el reto y las competencias de la persona; esta debe percibir que a pesar de las dificultades de la tarea elegida, cuenta con las habilidades necesarias para alcanzar sus objetivos.

Si la balanza de esta delicada ecuación entre desafíos y habilidades se inclina de forma inadecuada hacia uno de los dos extremos, lejos de experimentar flujo, aterrizaremos en estados de ánimo poco agradables. Así, si las demandas resultan ser demasiado altas para el repertorio de destrezas que poseemos, es probable que en principio nos sintamos frustrados, más tarde preocupados, y finalmente ansiosos.

Si, por el contrario, los retos son demasiado bajos para nuestras competencias, en primer lugar tenderemos a encontrarnos relajados, para finalmente sentirnos aburridos. Si esta balanza se encuentra equilibrada, pero en los niveles más bajos, tanto en lo que concierne a las habilidades como a los desafíos, la tendencia que experimentaremos será sentirnos apáticos. Tan solo seremos capaces de experimentar flujo cuando las demandas y las habilidades confluyan en los niveles más altos, obligándonos de esa manera a dar lo mejor de nosotros mismos ante una actividad realmente complicada, pero no insuperable. De esa manera centraremos la conciencia, reduciendo su dispersión y llegaremos a alcanzar la tan deseada experiencia óptima.

Ejemplo
Juan es un chico de 16 años deportista y alegre y está dando sus primeras clases de baloncesto. Su entrenador les ha pedido que comiencen a lanzar tiros libres a canasta. Su nivel de aciertos es muy bajo por lo que ha salido de la cancha cansado y frustrado.

✓ ¿Por qué se ha sentido frustrado Juan? La respuesta que se dará a continuación estará relacionada con las dimensiones de flujo.

Respuesta
Efectivamente, Juan se ha sentido frustrado porque su nivel de competencia estaba muy por debajo de su nivel de reto. Es decir, *el reto era muy superior a su habilidad*.

Ejemplo

Ha pasado el tiempo, Juan tiene 18 años ya y ha practicado mucho los tiros libres, ha perfeccionado la técnica y ahora obtiene muchos más aciertos que errores, aunque sigue siendo una tarea difícil.

✓ ¿Cómo se sentirá Juan ahora? La respuesta que se dará a continuación estará relacionada con las dimensiones de flujo.

Respuesta

En este caso Juan ha debido fluir, porque existía *equilibrio entre su habilidad y el reto de la tarea.*

Fusión acción-atención

Esta característica del estado de flujo hace referencia a la unión entre la ejecución de la actividad y el pensamiento, de forma que la mente no divague perdiendo toda la atención y la concentración necesaria para efectuar la actividad con éxito.

Generalmente, cuando emprendemos una acción, nuestra concentración se suele dispersar atendiendo a cuestiones irrelevantes para el éxito de la tarea. Solemos pensar en lo que acabamos de hacer, en lo que vamos a hacer, en problemas, en deseos, e incluso nos enmarañamos en procesos introspectivos. Dos de nuestras distracciones favoritas consumidoras de atención atienden al *cómo nos sentimos o al éxito final de nuestra tarea.* Cuando nos encontramos divagando de tal manera, nuestra concentración decae bruscamente perdiéndonos dentro de nuestra mente; nuestros recursos atencionales disminuyen drásticamente y el resultado final es que perdemos eficacia en la ejecución de nuestra actividad. Esta pérdida de concentración y de excelencia al efectuar nuestra tarea, sin duda, supone una disminución en su disfrute, lo que hará que disminuya la motivación por reanudar la actividad.

Por el contrario, cuando conseguimos no dispersarnos y centrar toda nuestra energía psíquica y recursos atencionales en la tarea que estamos realizando, es muy probable que comencemos a fluir, lo cual a su vez conllevará más y más concentración, por lo que la tarea nos resultará placentera y autotélica (nos resulta interesante por sí misma). Entonces, muy probablemente estaremos motivados para repetir la actividad.

La ejecución perfecta automática constituirá un claro indicador de la gran implicación que tenemos en la tarea y de las altas posibilidades de alcanzar la experiencia óptima.

Ejemplo

Volvamos a los inicios de Juan como jugador de baloncesto. Este se encuentra en la cancha, es su tercer partido y está muy nervioso porque sabe que el equipo al que se enfrentan es muy superior. Comienza el juego, y Juan no puede parar de pensar en que van a perder, que es imposible superar al rival, se desconcentra y efectivamente su juego deja mucho que desear.

✓ ¿Qué es lo que le pasa a Juan? La respuesta que se dará a continuación estará relacionada con las dimensiones de flujo.

Respuesta

Efectivamente, Juan se ha puesto nervioso y se ha desconcentrado, no ha conseguido sentirse *unido a su actividad*. Ha sido incapaz de *centrar la atención*, los pensamientos negativos le asaltaban y le atemorizaban por lo que no ha dejado lugar en su mente para la concentración necesaria para realizar la actividad con éxito.

Metas claras

El tener una meta clara en mente nos va a ayudar a centrarnos a la hora de realizar una tarea. De esa manera despejaremos las dudas sobre el objetivo a conseguir, economizando así la energía que a buen seguro necesitaremos a la hora de realizar esa actividad objeto de nuestra atención. El visualizar la meta a alcanzar de forma clara, nos orientará durante la ejecución de la tarea y evitará distorsiones innecesarias y nefastas a la hora de conseguir los mejores resultados.

No en todas las actividades las metas están claramente definidas, por lo que en algunas actividades especialmente creativas nos veremos obligados a desarrollar un fuerte significado personal de aquello que queramos conseguir. De no hacerlo así, nos veremos perdidos, sin una brújula para orientarnos en la dirección del éxito.

Ejemplo

Imagina de nuevo a Juan en la cancha de baloncesto ante esos rivales difíciles. El entrenador les ha dado unas pautas que Juan no consigue recordar, por lo que no sabe muy bien lo que tiene que hacer en el campo. Su juego se resiente y se lleva una buena bronca del entrenador.

✓ ¿Qué es lo que le pasa a Juan? La respuesta que se dará a continuación estará relacionada con las dimensiones de flujo.

Respuesta

De nuevo la falta de concentración a causa de los pensamientos negativos sobre la situación, le han impedido recordar las instrucciones del entrenador por lo que ha perdido de vista las *metas* a alcanzar durante el juego. Esa ha sido la razón de su bajo rendimiento en la cancha.

Feedback sin ambigüedad

Si mientras realizamos la tarea percibimos señales de cómo la estamos realizando, las probabilidades de éxito son mayores que si no recibimos este tipo de *feedback* o retroalimentación. Sería como andar el camino sin carteles direccionales que nos sirvan de orientación, sin ellos no tendremos claro si nuestras acciones son correctas, y de esa manera no podremos corregir errores. Esto es así en muchas actividades en las que no recibimos ningún tipo de señal informativa. Por ejemplo, cuando pintamos un cuadro, componemos una sinfonía o incluso en Medicina Interna o Psiquiatría. Sin embargo, el ejemplo contrario bien podría constituirlo un cirujano en una intervención quirúrgica; las señales en un quirófano afortunadamente son claras y contundentes. Aunque, en efecto, se puede llegar a fluir sin *señales*, es mucho mejor hacerlo con ellas.

Ejemplo

Volvamos a visitar a nuestro amigo Juan. En este caso se encuentra en un partido contra unos rivales de nivel similar al de su equipo. Va pasando el tiempo, y Juan cree que no lo está haciendo mal, permanece muy atento al marcador y va comprobando que ciertos tipos de jugadas se ven recompensadas con la canasta y el tanto sube al marcador.

✓ ¿Qué es lo que le pasa a Juan? La respuesta que se dará a continuación estará relacionada con las dimensiones de flujo.

Respuesta

En este ejemplo vemos claramente cómo Juan *permanece atento al marcador*, relacionando los tantos con el tipo de jugada. De esta manera sabe lo que tiene que hacer cada vez para mejorar su juego.

Concentración en la tarea que se está realizando

Sin concentración no podrá alcanzarse el éxito, posiblemente ni siquiera consigamos concluir la tarea que hayamos empezado. Una de las principales fuerzas adversas que afectan a la consciencia es el desorden psíquico; es decir, cuando la información entra en conflicto con las intenciones previamente existentes, o cuando nos distrae y nos impide llevarlas a cabo. Cuando la atención se desvía contra nuestros deseos y se centra en las preocupaciones o en otro tipo de parásitos mentales, no podemos utilizarla de la forma en que habíamos previsto, por lo que no conseguiremos alcanzar la energía psíquica para terminar la tarea con buenos resultados. Si no conseguimos concentrarnos en nuestras actividades cotidianas sencillamente no podremos disfrutar con ellas.

La concentración es el prerrequisito necesario y fundamental para ejecutar una tarea de forma aceptable. Lo primordial a tener en cuenta a la hora de realizar cualquier actividad, es la atención. Esta es como la energía psíquica —absolutamente imprescindible— para comenzar a realizar cualquier trabajo, físico o mental. Mientras realizamos la tarea, a veces la atención se va disipando si esta no nos agrada mucho o si tenemos algún tipo de problema o distractor mental del tipo que sea. La utilización de esta atención define los pensamientos, recuerdos, e incluso los sentimientos. Si no los atendemos, pasan a desdibujarse y desaparecerán de nuestra conciencia. Cada profesional, artista o deportista, aprende a incrementar su sensibilidad en el ámbito de la experiencia que es de su interés. Un músico aprenderá a atender a los sonidos y diferenciarlos con delicada sutileza; un deportista de élite aprenderá a sentir cada parte de su cuerpo y movilizarla a su antojo; y posiblemente un psicólogo distinguirá toda la gama de sentimientos que pueda albergar el ser humano.

Como vemos, sin atención no puede haber concentración que se precie, y sin esta última, cualquier actividad acabará con toda seguridad en el fracaso más estrepitoso. Al atender y concentrarnos sobre la tarea que queramos desempeñar, notaremos cómo nos hacemos dueños de la situación, y seremos capaces de mejorar la experiencia. Al concentrarnos, es como si conectáramos con nuestras fuentes de energía interior.

Por este motivo todo entrenamiento personal que mejore la atención-concentración, como veremos en los capítulos 3 y 5, mejorará las posibilidades de fluir.

Ejemplo

De nuevo nos encontramos con Juan en el campo y en esta ocasión le vemos afinando su juego, conectado con sus compañeros, sabe perfectamente cómo se tiene que mover, lee con antelación las jugadas y recuerda las instrucciones del entrenador. Nada le distrae.

✓ ¿Qué es lo que le pasa a Juan? La respuesta que se dará a continuación estará relacionada con las dimensiones de flujo.

Respuesta

En esta ocasión vemos de nuevo a un Juan realizando un buen juego, y esto se debe a que se encuentra *completamente concentrado*, inmerso en las jugadas, metido en el partido, recordando las instrucciones del entrenador.

Sensación de control

Se puede explicar la sensación de control como el resultado del equilibrio entre desafíos y habilidades. No existirá control de haber desequilibrio entre estas dos variables componentes básicas del flujo.

Cuando una persona siente que ha alcanzado el estado de flujo, suele experimentar el espejismo de tener el control, pero esta sensación de control en realidad no es más que eso, una sensación. De hecho, y por los propios condicionantes de la experiencia óptima, una persona que realmente experimenta el estado de flujo, no puede tener la totalidad del control, pues entonces el equilibrio entre habilidades y desafíos no existiría, inclinándose la balanza claramente hacia la excelencia en cuanto a las habilidades. Nos encontraríamos en el caso de la *hiperhabilidad* tendente al infinito, mientras que el desafío sería mínimo, tendente a cero, con lo cual la persona que vivenciara esta situación, se alejaría del canal del flujo para penetrar en el área del aburrimiento.

Es por ello que flujo y control total son incompatibles. ¿Entonces de dónde proviene esa magnífica y amable sensación de control? Posiblemente venga de la percepción de que el control es posible si sabemos con exactitud cómo hacer frente a las demandas de la situación. Sobre todo porque, tal y como hemos visto, estas se presentan perfectamente claras cuando entramos en flujo, y además, recibimos un *feedback* permanente sobre nuestra actuación, lo que nos ayuda a orientarnos en nuestro camino hacia el control y por tanto hacia la ejecución óptima.

A la mencionada sensación de control se le denomina *paradoja del control*. Algunos autores explican que es frecuente que en los juegos y deportes, al contrario de lo que sucede en la vida real, no nos preocupemos por perder el control y es esta actitud, paradójicamente, la que nos lleva a conseguirlo de una forma tan agradable y exitosa.

Esta sensación de control parece estar especialmente presente en las actividades de riesgo. Cuando estos personajes nos describen las hazañas que realizan por el placer mismo de realizarlas, nos dejan atónitos y no terminamos de comprender cómo puede ser que pongan en riesgo su vida por puro disfrute. En realidad, se explica esta adicción a practicar estas actividades y el deleite que ello produce por la sensación maravillosa que se deriva de controlar con éxito unas fuerzas tan esencialmente peligrosas. Lo importante es que estas actividades están especialmente diseñadas para conseguir minimizar los riesgos cuando se han conseguido las competencias necesarias. Es por ello que, por ejemplo, algunos escaladores afirmen que la escalada es menos peligrosa que cruzar una calle de su ciudad donde los riesgos no se pueden predecir ni controlar.

Ejemplo
Una vez más nos encontramos con Juan jugando al baloncesto en un importante partido. En esta ocasión nuestro amigo se siente estupendamente, percibe cómo es capaz de manejar la pelota, sabe lo que tiene que hacer para encestar y para colocarla en el lugar más

adecuado para sus compañeros. Se mueve de maravilla, se siente ligero, fuerte y hábil.

✓ ¿Qué es lo que le pasa a Juan? La respuesta que se dará a continuación estará relacionada con las dimensiones de flujo.

Respuesta

Una vez más encontramos a nuestro amigo jugando bien, en esta ocasión se debe a que sus movimientos y su forma de jugar le producen una intensa *sensación de control*.

Pérdida de conciencia del propio ser

Como ya hemos explicado anteriormente, cuando uno se encuentra completamente absorto y concentrado en una actividad, esta le demanda toda su atención. De esta manera no quedará atención suficiente en la conciencia para que pueda pensar en algo más allá de lo que ocupa su mente. No podrá pensar en nada más, ni en el pasado, ni en el futuro, ni siquiera en aquello que más le preocupe en la vida. Así, sin espacio en la conciencia para poder atender a las distracciones cotidianas, a esos parásitos tan familiares y a veces tan molestos e inconvenientes, permaneceremos a la entera disposición de la tarea que tengamos la suerte de estar realizando con grandes posibilidades de alcanzar la experiencia óptima.

Ejemplo

De nuevo nos encontramos con nuestro campeón en el campo, esta vez se siente volar por la cancha, es tal la unión con sus compañeros y el disfrute, que se olvida de sí mismo, todo se vuelve juego.

✓ ¿Qué es lo que le pasa a Juan? La respuesta que se dará a continuación estará relacionada con las dimensiones de flujo.

Respuesta

Juan continúa su carrera de éxitos, parece que va dominando el arte del baloncesto, ahora podemos ver cómo se siente tan involucrado en el partido que se siente parte de este, se diría que *se olvida de sí mismo*.

Transformación del tiempo

Muchas personas hacen alusión a la sensación de distorsión del tiempo. Este, durante las experiencias óptimas parece que se vivencia de una manera anómala, diferente de la cotidiana, expandiéndose o estrechándose. El cambio de ritmo es claro, viene marcado por la propia actividad; la lógica cotidiana impuesta por el tan familiar reloj desaparece. El momento puede parecer eterno o por el contrario fugaz, contráctil, como si se hubiera alejado del sentir de lo cotidiano. Sin embargo, esta percepción de la situación resulta muy agradable y feliz.

En la mayoría de los casos el sentir más generalizado es la rapidez con la que pasa el tiempo, se pierde su noción y, cuando se termina la tarea y conectamos de nuevo con la realidad, nos damos cuenta de que ha pasado mucho más tiempo del que podíamos creer; literalmente, el tiempo ha volado.

Por otro lado, en la literatura científica encontramos ejemplos de todo lo contrario. Es decir, personas que inmersas en una agradable actividad de flujo, son capaces de indicar la hora que es, con una precisión cartesiana. Aunque parece que estos casos no son más que la excepción que confirma la regla, y en alguna ocasión pueden estar relacionados con las *habilidades temporales* que podría necesitar la actividad en cuestión.

Podríamos afirmar que la vivencia del paso del tiempo, lejos de estar sujeta a los dictados del reloj, es puramente subjetiva y dependiente de la acción que estemos ejecutando en ese momento y del grado de involucración, atención, concentración y placer que esta nos suscite.

Ejemplo

Seguimos acompañando a nuestro amigo Juan en sus partidos de baloncesto. De nuevo sigue jugando bien. Está consiguiendo dominar la técnica y se siente bien integrado en el equipo. Cuando juega, el tiempo vuela, las horas se convierten en minutos, todo pasa muy rápido, el placer es grande.

√ ¿Qué es lo que le pasa a Juan? La respuesta que se dará a continuación estará relacionada con las dimensiones de flujo.

Respuesta

Juan continúa disfrutando con sus partidos de baloncesto, en este caso la sensación que destaca es que el tiempo vuela, ha perdido completamente la noción del paso del mismo. Es una sensación muy grata porque es producto del disfrute.

Experiencia autotélica

Llamamos *experiencias autotélicas* a aquellas que resultan extremadamente agradables, tanto que seríamos capaces de realizar la actividad que las provoca aunque fuera difícil o peligrosa. Las personas quieren realizar por sí mismas este tipo de tareas que provocan tales experiencias, sin esperar recompensas externas por su ejecución.

> Según Csikszentmihalyi, «la palabra *autotélico* deriva de dos palabras griegas, "auto" que significa en sí mismo, y "telos" que significa finalidad» (1990, p. 109).

Por tanto, al referirse este autor a la experiencia autotélica, quiere definir una vivencia motivada por sí misma; o sea, que encuentra la recompensa en la propia tarea.

Por esto la persona que ejecuta estas actividades siente una profunda sensación positiva de deleite y disfrute; tanto es así que, aún en ausencia de recompensas externas, va a intentar repetirla por el propio placer de la tarea misma. En definitiva, estas experiencias no se ejecutan con el objetivo de conseguir recompensas externas de ningún otro tipo, sino por el placer de vivirlas. Esta es una postura vital saludable, actuar siguiendo los dictados de nuestras propias preferencias en vez de andar siempre detrás de metas secundarias a nuestras actuaciones. Disfruto con lo que hago y por eso lo hago. Se obvia decir que en la vida no se consigue nada sin esfuerzo y que tanto en el campo laboral como en el académico e incluso en el deportivo o lúdico, debemos esforzarnos por alcanzar los objetivos que nos marquemos.

Es importante subrayar que las experiencias óptimas tienen un fin por sí mismas. Incluso si inicialmente llevamos a cabo la actividad que nos ocupa por otras razones, esta se puede convertir en algo intrínsecamente gratificante; o sea, encontramos placer en el hecho de realizarla.

Ejemplo

Finalmente, vamos a acompañar a Juan en su último partido de temporada. Ya consigue jugar fenomenal, siente que el baloncesto forma parte inseparable de su vida. Practicando este deporte, no gana nada, no consigue más nota, nadie le regala nada tanto si gana como si pierde, pero le encanta el juego por el mero placer de jugar. Cree que jugar es vivir.

✓ ¿Qué es lo que le pasa a Juan? La respuesta que se dará a continuación estará relacionada con las dimensiones de flujo.

Respuesta

Para terminar, comprobamos que Juan se ha convertido en un buen jugador que *ama este deporte por el mero hecho de practicarlo*, sin esperar ningún tipo de recompensa a cambio, tanto es así que su disfrute parece ser máximo, porque afirma que jugar es vivir.

A continuación el protagonista de los ejercicios eres tú, así que lee con atención lo que se te propone y contesta con sinceridad.

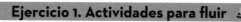

Ejercicio 1. Actividades para fluir

■ Enumera actividades con las que te parece que fluyes:

_____

_____

_____

_____

■ Describe cómo te sientes cuando las realizas:

_____

_____

_____

_____

Registro de flujo

Como has podido ver, las nueve dimensiones que acabamos de describir son sencillas, claras y fáciles de entender, y definen cómo es una experiencia de flujo. Por ello seremos capaces de comprender exactamente en qué consiste el proceso de fluir, lo que nos puede llevar a comenzar a intentar organizar nuestras actividades de forma que sean susceptibles de desencadenar experiencias óptimas o de flujo.

No lo dudes, aplica esta teoría básica en tu vida cotidiana; si lo haces, esta te cambiará, conseguirás fluir más y aburrirte menos, y —al mejorar la calidad de tu experiencia— habrás avanzado un paso en tu camino hacia la felicidad.

A continuación te presentamos un breve registro del flujo alcanzado durante la realización de tus actividades favoritas. Es tan solo un recurso didáctico que te ayudará a ir tomando consciencia del grado en el que eres capaz de alcanzar el flujo en tu vida. No constituye un cuestionario de flujo, estos te los presentaremos más adelante.

Con este ejercicio tan solo buscamos que te vayas familiarizando con las distintas características del estado de flujo. El conocerlas y trabajarlas te ayudará a ir dominando el fenómeno en sí.

Lo recomendable sería que hicieras el esfuerzo de rellenar un registro como el que te presentamos tras la realización de las tareas susceptibles de flujo. El registro es muy breve, por lo que lo completarás rápidamente. El esfuerzo bien va a merecer la pena, notarás cómo en un corto espacio de tiempo, estarás completamente familiarizado con la experiencia de fluir, por lo que ya no te será necesario registrar.

Piensa que también es un ejercicio de memoria, porque tendrás que hacer el esfuerzo de recordar cómo te sentías mientras que realizabas la actividad elegida y tras su realización deberás registrar. El hecho de elaborar un registro siempre parece una actividad tediosa, que normalmente nos inspira cierta repulsa, pero nada se consigue sin esfuerzo, que es el verdadero motor del éxito. Si apuntamos nuestro «sentir» y nuestras marcas a la hora de realizar una actividad, realizaremos esta con mayor control y éxito: no estaremos realizando un ejercicio de cualquier manera, sino de forma metódica y coordinada y esto nos facilitará fluir más y mejor.

No lo dudes, haz el ejercicio que te indicamos, verás cómo, poco a poco, tus experiencias de flujo irán mejorando y ello bien merece la pena.

Ejercicio 2. Registro de flujo

Tras realizar tu actividad favorita apunta en este registro el grado en el que crees haber alcanzado la dimensión que se cita.

0 = *No se ha alcanzado en absoluto.*
10 = *Se ha alcanzado completamente.*
Balance reto/habilidad ____
Unión acción/conciencia ____
Metas claras ____
Feedback sin ambigüedad ____
Concentración en la tarea ____
Sentido de control ____
Pérdida de autoconciencia ____
Transformación del tiempo ____
Experiencia autotélica ____

Antiflujo y grados de flujo

Antiflujo

Como quizá ya habrás comprobado, cuando estamos concentrados al realizar una actividad, sentimos que nos fundimos con ella y perdemos la noción del tiempo, muy probablemente estemos fluyendo. Nos sentimos llenos de vida y disfrutando enormemente. Experimentamos bienestar emocional y probablemente felicidad.

Aquellas personas que hayan adquirido la habilidad de fluir con cierta frecuencia, son capaces de actuar al máximo de sus capacidades, con lo que mejoran de forma ostensible su bienestar subjetivo, desarrollando asimismo todo el potencial necesario para conseguir vivir una vida plena, satisfactoria y feliz.

El problema lo encontramos cuando, lejos de alcanzar este estado en la vida cotidiana, en el trabajo o el estudio, nos podamos encontrar con tareas, monótonas, repetitivas y aburridas que generen una sensación de transcurrir el tiempo lenta y frustrante. A este tipo de sensaciones Csikszentmihalyi lo llama *antiflujo*, por ser contrarias exactamente a las que se experimentan en el estado de flujo.

Entonces, lejos de conseguir disfrute, se puede llegar a presentar desajustes emocionales negativos. Eso puede inducir a perseguir sensaciones placenteras a través de las drogas o el alcohol, en busca de algunas de las sensaciones de la armonía de la consciencia que no se pueden encontrar en actividades más gratificantes.

> Csikszentmihalyi, en 2008 asegura que: «No es ninguna exageración afirmar que una gran parte de nuestros problemas sociales se deben a la falta de flujo en la vida cotidiana».

Las drogas deforman nuestra percepción de la realidad al alterar de forma significativa nuestra conciencia y habilidades, por lo que mientras que estamos bajo sus efectos podemos sentir una falsa sensación de consecución de nuestros objetivos, percibiendo un erróneo equilibrio entre nuestras habilidades y nuestros retos.

El problema es que el flujo inducido de forma tan artificial e insana es muy peligroso, porque la sensación de expansión de nuestras capacidades es errónea, por lo que no genera ningún tipo de mejoría de las mismas ni la tan anhelada superación personal, y además, se corre el peligro de hacerse adicto a estas sustancias, lo cual pone en peligro nuestra integridad física, supone grandes costes para la sociedad y se produce una gran cantidad de desorden en la conciencia de la persona afectada.

Otro de los problemas de la cultura occidental actual son el disfrute con la violencia o el terror, o con los entretenimientos pasivos, fáciles de digerir y sin ningún nivel de complejidad a los que se dedican muchas horas al día (literatura y televisión *basura*, cierto tipo de juegos...). Todo ello se consume sin esfuerzo ni aprendizaje alguno, con un estado de fluidez cero. Este tipo de pasatiempos (podríamos llamarlos mejor *matatiempos*) consumen mucha atención, no aportan nada al desarrollo personal y, lo que es peor, a veces son destructivos o contribuyen a la abulia y apatía, haciendo sentir a la persona vacía y carente de sentido.

Por todo ello puede ser valioso promover desde edades tempranas una cultura del ocio activo y del flujo, para que comiencen a fluir tanto en su tiempo de estudio, de trabajo como de ocio y de esa manera, aprendan que el esfuerzo tiene su recompensa, y que se puede estar activo disfrutando. La cultura del flujo les ayudará a perseguir la excelencia con mentalidad de disfrute, de esa manera el esfuerzo será mayor y seguro que los éxitos conseguidos serán más importantes y todo ello en suma desde la atalaya de la felicidad.

Grados de flujo

Una persona, cuando fluye, puede hacerlo alcanzando distintas intensidades de experiencia óptima. Por ejemplo, no sentirá el mismo grado de flujo un director de orquesta cuando está dirigiendo que un aficionado al fútbol viendo jugar por televisión a su equipo favorito. Por mucho que le guste al aficionado ver el partido, no tendrá que desplegar ninguna habilidad, ni tampoco se verá retado por ninguna meta, por más que su equipo se vea comprometido con el triunfo. Está claro que el nivel de exigencia y de concentración que se le pide al director dista mucho del que se le pide al aficionado, por muy nervioso e implicado que se vea este en el campeonato. Pero aunque al hincha no se le exija ningún esfuerzo tras la pantalla del televisor, eso no quiere decir que no consiga fluir con el evento deportivo, solo que los niveles de flujo serán muy distintos.

Por tanto, las vivencias de flujo no son iguales, pudiendo existir distintos niveles de flujo:

Microflujo: cuando los niveles de disfrute y rendimiento son bajos.
Flujo medio: cuando los niveles de disfrute y rendimiento son medios.
Macroflujo: cuando se experimentan niveles altos de disfrute y rendimiento.

Queda claro entonces que el flujo es una experiencia sujeta a diversas intensidades, desde las más leves o *microflujo* hasta las más intensas o *macroflujo*. Por ello, no debemos creer que solo alcanzaremos el estado de flujo cuando tengamos oportunidad de realizar aquella actividad que nos apasiona, sino que debemos pensar que a lo largo del día podremos también tener oportunidades de fluir, aunque no alcancemos las cotas de disfrute que conseguiremos al realizar esa tarea que tanto nos gusta (macroflujo). Se trata de organizarnos bien atendiendo a las características del flujo, para poder tener también la ocasión de fluir en nuestra vida cotidiana.

Ejercicio 3. Grados de flujo

■ Describe alguna experiencia en la que alcanzaste microflujo:

_____

_____

_____

■ Describe alguna experiencia en la que alcanzaste flujo medio:

_____

_____

_____

■ Describe alguna experiencia en la que alcanzaste macroflujo:

_____

_____

_____

Ritmo diurno del afecto positivo y del flujo

Tanto el afecto positivo como el flujo siguen generalmente un patrón de ritmo diurno bien definido. Aunque este tipo de ritmo no tiene por qué darse siempre ni mucho menos en todas las experiencias, sí que parece que estas suelen seguir este tipo de curvas halladas por los investigadores de estos temas.

Ritmo diurno del afecto positivo

El afecto positivo, según se ha demostrado, suele ser peor por la noche al acostarse y mejor por la tarde. Se podría decir que este tipo de afecto va subiendo por las mañanas hasta eso de las 15:00 h, momento en el que alcanza su cota máxima, y permanece estable hasta aproximadamente las 21:00 h. Es decir, se podría decir, que el afecto positivo sigue durante el día un tipo de patrón gráfico en forma de «U» invertida.

Ejercicio 4. Ritmo de afecto positivo

■ Describe en qué momentos del día te sueles encontrar más contento/a o animado/a:

_____

_____

_____

_____

■ Describe en qué momentos del día te sueles encontrar menos contento o animado/a:

_____

_____

_____

_____

El afecto positivo, en general, además de encontrarse sujeto a un patrón horario diurno, también suele seguir un ritmo semanal. Piensa un poco e intenta realizar el ejercicio que se te propone, te será de utilidad.

■ Describe en qué días de la semana te sueles encontrar más contento/a o animado/a:

_____

_____

_____

_____

■ Describe en qué días de la semana te sueles encontrar más desanimado/a:

_____

_____

_____

_____

Ritmo diurno del flujo

Por su parte, el flujo, sigue otro tipo de patrón algo distinto al afecto positivo. En este caso, este tipo de fenómeno presenta un patrón gráfico en forma de «U» aplanada, registrándose sus mayores niveles durante la mañana temprano y durante la tarde a partir de las 17:00 h. Algunos investigadores han explicado este ritmo diurno del flujo a causa de la normal distribución de tareas a lo largo del día. Lo más usual es que las personas trabajen hasta las 17 o las 18:00 h de la tarde y después descansen, por ello se cree que los mayores niveles de flujo registrados se obtienen al terminar su actividad laboral y comenzar a centrarse en sus actividades de ocio. Sencillamente, la gente suele fluir más en sus momentos de ocio que en sus momentos de trabajo, aunque esto no tenga por qué ser siempre así. Por tanto el patrón curvilíneo del flujo atendería más a razones de índole social que biológico.

Es curioso que los patrones de afecto positivo y flujo no sean los mismos, dado que el flujo es un gran productor de afecto positivo y posiblemente a la inversa. Sin embargo, en las investigaciones realizadas son estos los resultados hallados y no dan explicaciones que puedan resolver esta cuestión, pero bien se podría pensar que el afecto positivo es un concepto mucho más amplio que el flujo y alcanza a todas las actividades y circunstancias de nuestra vida y no solo a los momentos de flujo. Por tanto, es un fenómeno mucho más generalizado y de mayor peso en nuestra vida que el flujo.

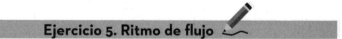

Ejercicio 5. Ritmo de flujo

■ Describe en qué momentos del día sueles fluir más:

_____

_____

_____

_____

■ Describe en qué momentos del día sueles fluir menos:

_____

(Continuación del ejercicio)

_____

_____

_____

Al igual que el afecto positivo las experiencias de flujo, en general, además de encontrarse sujetas a un patrón horario diurno, también suelen seguir un ritmo semanal. Piensa un poco e intenta realizar el ejercicio que se te propone, te será de utilidad.

■ Describe en qué días de la semana sueles fluir más:

_____

_____

_____

_____

■ Describe en qué días de la semana sueles fluir menos:

_____

_____

_____

_____

Mejorar la experiencia de flujo con la práctica de la atención-concentración

Todos sabemos por experiencia que cuando estamos preocupados nos resulta difícil concentrarnos en las tareas; nuestra mente está dándole vueltas a las cosas —de forma más o menos consciente— para intentar encontrar una salida a una situación difícil o conflictiva. Y los pensamientos están teñidos emocionalmente (por la rabia, el miedo, la tristeza, etc.). Puede acompañarse nuestra preocupación de sensaciones corporales tales como las de contraer el entrecejo o tensar los músculos del cuello. Y quizá hasta podamos sentir el impulso de gritar o de escondernos en un rincón.

También Igualmente es difícil prestar atención y concentrarnos cuando estamos sometidos a emociones intensas, recordamos agravios o nos torturamos por cosas que no hicimos bien. Nuestra mente pasa de una cuestión a otra, y del pasado al futuro, en márgenes de tiempo muy cortos. A eso le llamamos tensión mental y refleja la metáfora del mono loco, así es nuestra mente agitada.

En este caos y desorden, en situaciones de negatividad, es muy difícil dirigir y mantener la atención-concentración, indispensable para el aprendizaje, la creatividad y, por supuesto, el disfrute.

Ya sabemos que el *flow* es una experiencia emocional de disfrute en el presente en la que hay una gran concentración. Aunque dedicaremos todo un capítulo más adelante al cultivo de la atención plena, nos parece importante, ya desde estos capítulos iniciales del libro, invitaros a que os deis cuenta de la dinámica mental predominante en vuestra vida cotidiana, así como de tomar consciencia cuándo estáis en el presente: en el aquí y en el ahora. Podéis comenzar ya a practicar pequeños pero valiosos ejercicios de atención-concentración.

Ejercicio 6. Desarrolla tu atención-concentración

La atención es como una linterna de nuestro cerebro que enfoca y concentra la luz en las sensaciones de nuestro cuerpo, pensamientos o emociones. Cuando se maneja de forma consciente y mantenida, nos damos cuenta de las cosas y nos concentramos. Y solo cuando percibimos de forma consciente algo podemos grabarlo en la memoria. Muchas veces nuestra atención está en otra parte diferente de la que queremos ver (dispersa) o no se mantiene el tiempo suficiente (dificultad de concentración).

En todas las técnicas que vamos a aprender en este libro, el primer paso es siempre «tomar consciencia», «darnos cuenta», de forma mantenida, mejorando así nuestra capacidad de atención-concentración. Y también cuando nos damos cuenta de que nos hemos distraído, volvemos a concentrarnos en el objeto de concentración elegido: el cuerpo, la respiración, una imagen, pensamiento o emoción.

Dedica solo un minuto de tu tiempo a este ejercicio

- Adopta una postura cómoda y con la espalda derecha, cierra los ojos. Observa cómo el aire entra y sale por tus fosas nasales. Imagina una pantalla mental a la altura de tu entrecejo. Al inspirar, dibuja el 1, al espirar el 2, inspira 3... espira 4... Números impares inspiras; números pares espiras.
- Si te distraes (con un pensamiento o sensación), no importa. Déjalos pasar como si fueran nubes o bandadas de pájaros y vuelve a concentrarte en respirar y contar. Trátate con amable firmeza, no te regañes. Lleva de nuevo tu atención a sentir la respiración. Como has perdido la cuenta, vuelve a comenzar por el 1.
- Con la repetición de la práctica, notarás que cada vez llegas a contar hasta un número más elevado: 9, 12...
- Ya sabes cuántas veces te distraes en un solo minuto. No te preocupes, es normal, pero irás mejorando tu propia marca hasta conseguir mantenerte varios minutos sin distracciones.
- La atención puede desarrollarse como un músculo mental que se fortalece con la práctica.

Puntos clave

¿Qué es el flujo?

El *flujo* es un fenómeno experiencial descrito por primera vez por Csikszentmihalyi en 1975. Esta denominación se la dio porque sus entrevistados describían esta vivencia ayudándose de la metáfora de una corriente que les llevaba adelante sin experimentar sensación de esfuerzo alguno.

Definición de flujo

El flujo es principalmente una experiencia en la que las propias capacidades se encuentran en equilibrio con los retos que se nos presentan al ejecutar una tarea, en la que encontramos unos objetivos claros y unas normas sujetas a *feedback* para orientarnos sobre nuestra ejecución. Además, la concentración que conlleva la citada tarea es muy intensa, consiguiendo alterar la percepción del tiempo e incluso la conciencia del yo. Todo este proceso resulta tan increíblemente agradable que queremos repetirlo incluso en ausencia de recompensas externas.

Fuente: Csikszentmihalyi (1990)

Dimensiones del estado de flujo

- Equilibrio reto-habilidad.
- Fusión acción-atención.
- Metas claras.
- *Feedback* sin ambigüedad.
- Concentración en la tarea encomendada.
- Sensación de control.
- Pérdida de conciencia del propio ser.
- Transformación del tiempo.
- Experiencia autotélica.

Antiflujo y grados de flujo

Aquellas personas que hayan adquirido la habilidad de fluir con cierta frecuencia son capaces de actuar al máximo de sus capacidades, con lo que mejoran de forma ostensible su bienestar subjetivo, desarrollando asimismo todo el potencial necesario para conseguir vivir una vida plena, satisfactoria y feliz.

El problema lo encontramos cuando, lejos de alcanzar este estado en la vida cotidiana, el trabajo o el estudio, nos podamos encontrar con tareas, monótonas, repetitivas y aburridas que generen una sensación de transcurrir el tiempo lenta y frustrante. A este tipo de sensaciones Csikszentmihalyi lo denomina *antiflujo*, por ser contrarias exactamente a las que se experimentan en el flujo.

2

FLUIR Y OTROS CANALES DE NAVEGACIÓN

Fluir es disfrutar creativamente del presente con las
actividades de nuestra vida cotidiana utilizando el poder
de la atención y poniendo en acción nuestras habilidades y
fortalezas personales

Navegamos por el mar de la experiencia, en donde hay diferentes canales. Fluir es uno de ellos y nos produce bienestar por el disfrute que se experimenta y la satisfacción que posteriormente se siente. Eso ocurre, como ya hemos visto, cuando hay equilibrio entre los retos que nos encontramos y la percepción que tenemos de nuestras habilidades al afrontarlos. Pero al hablar de otros canales vamos a entender cómo relaciones desequilibradas entre retos y habilidades, van a ocasionarnos diferentes estados de ánimo.

A las diferentes combinaciones entre metas y competencias y los diferentes estados de ánimo que surgen de las mismas se le conoce como canales.

Desde el comienzo de los estudios sobre el flujo hasta el momento actual, se han ido postulando diferentes modelos teóricos e investigaciones sobre los canales.

En las primeras investigaciones realizadas por Csikszentmihalyi (1975b) y su equipo, la condición más importante que se tuvo en cuenta para considerar la experiencia de flujo, fue que existiera un cierto equilibrio entre los desafíos y las competencias de la persona. Basándose en esta premisa Csikszentmihalyi y su equipo elaboraron un modelo teórico denominado Modelo de Canal. Posteriormente otros investigadores describieron en detalle este modelo; pero años más tarde fue de nuevo Csikszentmihalyi y su equipo quienes fueron sometiendo a diversas investigaciones su propio modelo. Estos investigadores llegaron a la conclusión de que para conseguir alcanzar la experiencia de flujo, no solo es necesario que la persona perciba los desafíos y sus capacidades para hacerlas frente en equilibrio, sino que ambos deben encontrarse elevados; es decir, la persona debe ir incrementando el nivel de retos, para a su vez ir desarrollando nuevas habilidades con las que hacerlos frente con éxito, de esta manera sí se podrá llegar a alcanzar el estado de flujo.

Pasemos a ver la evolución histórica del modelo por la importancia que entraña.

Modelos de Flujo originales de Csikszentmihalyi (Modelos de Canal)

Modelo de *Flujo Original* o de *Tres canales*

El modelo que presentamos a continuación elaborado por Csikszentmihalyi y su equipo, resulta intuitivo y fácil de entender, quizá en su inherente simplicidad resida el éxito enorme que ha tenido y continúa teniendo, sobre todo desde el nacimiento de la moderna psicología positiva. Algunos investigadores llaman a este modelo el *Modelo de Tres Canales*.

Si observamos la Figura 1, cualquier tipo de actividad comienza en el punto denominado A1, en ese momento las competencias personales y las dificultades de la tarea son bajas, por tanto el equilibrio entre habilidades y retos será estable y experimentaremos un grado de placer medio. Si dedicamos tiempo a la actividad, poco a poco vamos adquiriendo destrezas nuevas, con lo cual vamos alcanzando pequeñas metas, por lo que de no aumentar la complejidad de la tarea, correremos el peligro de caer en el aburrimiento; en este momento estaríamos posicionados en el punto A2.

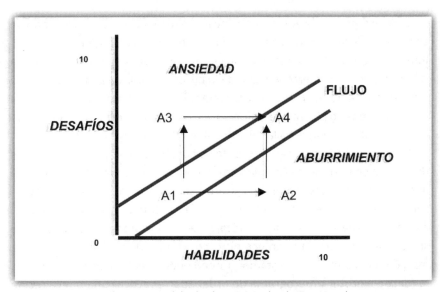

Figura 1. Modelo de Flujo Original o de Tres Canales
(Fuente: Csikszentmihalyi, 1990, p. 120)

Para salir de este estado de apatía y conseguir volver a fluir, lo que debemos hacer es aumentar las demandas de la tarea A3. Si estas demandas son elevadas, entraremos en un estado de ansiedad, pero, si de nuevo consiguen equilibrarse con nuestras competencias, entraremos de nuevo en el estado de flujo, con lo que volveremos a experimentar otra vez cierto grado de placer; estaríamos ya en el punto A4 de la figura y comenzaría de nuevo el ciclo experimentado. La única diferencia con respecto al estado de flujo inicial es que al alcanzar más destrezas e ir elevando poco a poco el nivel de dificultades, según la teoría de flujo, cada vez se alcanzará mayor disfrute, obteniendo con el hábito y la destreza, experiencias óptimas cada vez más intensas y agradables.

El riesgo de este proceso lo constituye el estado de ansiedad, que se puede producir fácilmente en el momento en el que el nivel de complejidad de la tarea se eleva hasta unos límites que la persona pueda percibir como inalcanzables, que podrían serlo en realidad o no. En este caso de nuevo hay que poner el acento en la percepción de la persona sobre su competencia y no en el nivel real de habilidad de la misma.

En la actualidad observamos una negativa tendencia hacia la ejecución de actividades de la vida cotidiana que nos puedan resultar complejas o dificultosas en algún sentido, existiendo una inclinación social muy extendida hacia la ley del mínimo esfuerzo. A pesar de la pésima tolerancia general al trabajo duro, encontramos en la teoría de Csikszentmihalyi argumentos de peso para tomarnos en serio el tema del esfuerzo y la adquisición de nuevas competencias, si es que queremos hallar disfrute al realizar nuestras tareas.

Fluimos cuando conseguimos dominar una tarea compleja; cuanto más dificultosa sea esta y más hábiles nos sintamos para superar los retos que encontremos, mayores cotas de disfrute alcanzaremos. Por todo ello, el consejo que se propone desde la teoría del flujo es buscar actividades complicadas y emplearnos a fondo en desarrollar las facultades necesarias para superarlas. Es cierto que en ese proceso, el nivel de flujo irá de menos a más. Por ejemplo, cuando estamos aprendiendo a realizar algo que nos gusta (desde ejecutar un programa de ordenador, practicar una nueva receta de cocina o impartir una conferencia), al comienzo podemos sentir cierta ansiedad y bajo nivel de flujo. Luego nos volveremos más competentes y disfrutaremos con ello.

El problema es que una vez superados determinados retos, podemos sentirnos apáticos o aburridos, por lo que de nuevo necesitaremos estimularnos con nuevos desafíos y adquisición de competencias.

Este factor dinámico de las tareas que conducen a la experiencia óptima, explican por qué el incremento en complejidad resulta tan importante para la superación personal del tipo que sea —autorrealización, creatividad, descubrimiento— y para la obtención de nuestro propio disfrute. No podemos disfrutar cuando permanecemos mucho tiempo realizando la misma actividad con idéntico nivel de dificultad, pues al final nos terminaremos sintiendo apáticos, aburridos o frustrados. Es por ello que buscaremos de nuevo distintos retos para conseguir la satisfacción al adquirir, descubrir y usar nuevas competencias, intentando superar cada vez distintos grados de desafíos sin apenas percibir el esfuerzo. Esto supone el auténtico flujo, ir superando cada vez dificultades mayores, con percepción de eficacia y con mínima sensación de esfuerzo.

Este estado de flujo resulta muy placentero, podríamos asegurar que el deseo de obtener experiencias de flujo puede constituir una de las metas principales de cualquier ser humano, y el alcance de la misma llega a todos los ámbitos del ser humano, apreciándose incluso su influencia en la historia y cultura de la humanidad.

Modelo de Flujo de Ocho Canales (Csikszentmihalyi, 1997)

Con el transcurrir del tiempo se fueron haciendo diversas revisiones del modelo original del flujo, por lo que fueron surgiendo distintas adaptaciones del mismo, según iban avanzando los nuevos hallazgos empíricos.

El modelo que se presenta a continuación es mucho más rico que el mostrado antes, y que por tanto el lector debe de tener como referente al evaluar sus actividades susceptibles de flujo. Se puede considerar como una ampliación del modelo anterior, aunque con una breve variación que se comprenderá rápidamente. Esta es el replanteamiento de las posiciones de los estados de aburrimiento y relajación.

En el modelo original el aburrimiento se situaba y explicaba como el estado resultante de un alto nivel de destrezas y un escaso nivel de retos. Al parecer, según nuevos estudios, esto no parece ser exactamente así, sino que se inclinan hacia posicionamientos nuevos según los cuales la situación anterior no produciría aburrimiento, sino relajación. En relación con el aburrimiento este tiende a experimentarse más cuando tanto los niveles de desafíos como los de destrezas son bajos.

La Figura 2 constituye una representación esquemática [adaptada de la original de Massimini y Carli (1988)] de lo que Csikszentmihalyi (1997) denomina *mapa de la experiencia cotidiana*. En este modelo aparecen las distintas combinaciones susceptibles de realizarse entre retos y habilidades o capacidades especiales. Como se puede observar y así mismo lo señala su autor, el punto central del esquema es representativo de un nivel medio de habilidades y retos, con la característica de que cuanto más se aproximan al punto medio, más comunes resultan sus estados de ánimo, sean estos de carácter negativo o positivo. Por el contrario, cuanto más se alejan de este punto central, más diversos resultarán los mismos, los cuales pasarán a depender de las diferentes proporciones en las combinaciones anteriormente indicadas.

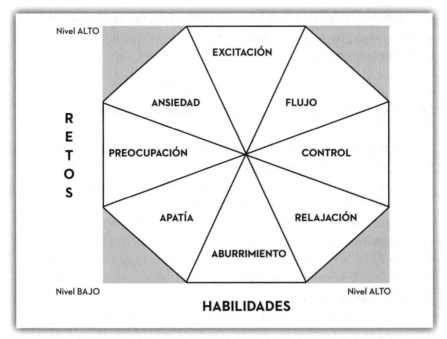

Figura 2. Modelo de Flujo de Ocho Canales (Csikszentmihalyi, 1997)
(Fuente: Csikszentmihalyi, 2009b, p. 186)

En general, cuantos más retos se marque una persona, más intentará concentrarse; por otra parte, cuantas más habilidades tenga, más satisfecha se encontrará. Si esta misma persona consigue equilibrar sus desafíos con sus capacidades en unos niveles altos, habremos conseguido la deseada experiencia de flujo, momento en el que uno se encuentra completamente concentrado, satisfecho y feliz. Esta constituiría la meta a perseguir, la mejor experiencia descrita por los grandes atletas, artistas o científicos. En el resto de los siete canales el equilibrio entre facultades y retos no está tan claro.

En el canal denominado *excitación* nos encontramos con unos niveles de habilidad y concentración insuficientes para alcanzar el equilibrio con los retos señalados, por lo que la persona no se encuentra cómoda del todo; pero si quisiera esforzarse un poco más, sería fácil que consiguiera alcanzar la atractiva experiencia de flujo.

Otro canal positivo sería el de *control*, en el cual nos encontramos con la situación contraria a la anteriormente descrita; en este caso lo que resulta superior son las habilidades, resultando los retos algo escasos en complejidad. En esta posición el sujeto se encuentra muy cómodo, incluso hay personas que no necesitan más para encontrarse perfectamente, porque sencillamente no necesitan esforzarse al máximo para ser felices; sin embargo, si deciden hacerlo, fácilmente podrían alcanzar el estado de flujo, tan solo tendrían que elevar un poco sus metas.

Desde estas dos posiciones de excitación y control se podría producir muy fácilmente el aprendizaje, porque ambas nos motivan a superarnos.

El resto de canales no son tan positivos como los descritos, produciéndose un lento declive en el nivel de disfrute. El canal *relajación* todavía podría presentarse como positivo, porque en él la persona no encuentra sensaciones negativas. Pero no ocurre lo mismo en el canal *aburrimiento*; ni mucho menos en el de *apatía*, los cuales sumergen a la persona instalada en estas situaciones en un estado de tristeza y desmotivación. Pero quizá las peores posiciones sean la *preocupación* y sobre todo la temida *ansiedad*; en este último estado la persona pierde todas las fuerzas porque no se ve capacitada para conseguir alcanzar las metas. Parece existir un abismo insalvable entre las capacidades personales y los retos de la tarea, la cual muchas veces se abandona debido al desánimo, lo que puede generar unos sentimientos de frustración, desesperanza o culpabilidad importantes.

Pocas personas son capaces de perseverar lo suficiente para salir de este estado y conseguir el éxito, por lo que el caer en la depresión o no dependerá de la importancia que presente la tarea que nos causa la frustración. Aunque no se puede generalizar, existen importantes diferencias entre las personas, resultando algunas sorprendentemente pertinaces.

Modelo de flujo de canal extendido y la importancia de creer que puedes

Existe una extensión del modelo sobre flujo más moderna, descrita por Alma Rodríguez en 2008, en el que se explica que para conseguir fluir no solo es necesario que exista equilibrio entre las habilidades y los retos, sino que además debe darse sensación de *autoeficacia*, es decir, que la persona crea en las habilidades que tiene para conseguir el éxito al abordar una tarea.

Quizá en sí mismo esto no constituya otro modelo de flujo, sino simplemente una sencilla ampliación de la fórmula que ya tenemos:

> Flujo = equilibrio entre retos y habilidades

A esta ya conocida fórmula le sumamos la autoeficacia, o la creencia vehemente de creer que puedes conseguir aquello que te propones.

El modelo quedaría así:

> Flujo = equilibrio entre retos y habilidades + autoeficacia

Si no tenemos confianza en poder alcanzar los objetivos que nos hemos marcado al desempeñar una actividad en concreto, difícilmente podremos fluir. Por ello, para alcanzar el flujo es completamente necesario que creamos en nuestras propias posibilidades de éxito.

De esta manera queda claro que la seguridad en sí mismo forma parte de los prerrequisitos para conseguir alcanzar experiencias óptimas. Si nos enfrentamos a una tarea con demasiado miedo o desconfianza en nosotros mismos, jamás conseguiremos disfrutar al realizarla y mucho menos conseguir superar las dificultades de la misma para concluirla con éxito. Por tanto, como casi todo en la vida, el éxito final en cualquier actividad depende de las creencias que tengamos sobre nosotros mismos.

Las personas más seguras de sí mismas tienen mayores probabilidades de conseguir aquello que quieren. Aunque esta confianza siempre debe ceñirse a la realidad, si nos creemos más capaces de lo que somos en realidad, tampoco conseguiremos el éxito y además muy probablemente nos frustraremos. El conocerse bien y saber con qué capacidades contamos realmente es parte importante del éxito en la vida. Si quieres conseguir equilibrio en tu vida, aprende bien a medirte y no te dejes llevar ni por la baja autoestima ni por un ego demasiado inflado.

Práctica importante

Una vez vistos estos sencillos y prácticos modelos, quizá nos haya quedado más claro porqué surge el flujo y qué hay que hacer para conseguir fluir.

Con el último modelo hemos aprendido mucho más, hemos visto la importancia de la calidad de la experiencia para encontrarnos bien. Es decir, en gran parte nuestro bienestar va a depender de cómo me estoy relacionando yo con mis actividades: de lo capacitado que me veo para conseguir las metas que me he propuesto o bien me han propuesto. Y este ejercicio ocurre en la vida cotidiana sin cesar. Tanto en actividades de ocio como laborales, continuamente estoy realizando tareas importantes o no, el caso es que la mayor parte del tiempo lo paso inmerso en alguna tarea. Por eso el saber en qué canal me encuentro en cada momento, me permitirá averiguar qué es lo que tengo que hacer para irme acercando si no tanto al flujo a alguno de los otros tres canales positivos: excitación, control y relajación. Por ello, si nos queremos sentir mejor debemos de concentrarnos en lo que estamos haciendo y siempre tener en cuenta el modelo de flujo de ocho canales. Este nos debe servir de guía, de brújula cotidiana. Por tanto, la pregunta importantísima que nos debemos hacer cuando estemos lidiando con alguna tarea será: ¿En qué canal me encuentro en este momento?

El hecho de pararnos a reflexionar sobre la tarea que estamos realizando tomando como referencia el modelo de ocho canales debería ser una práctica cotidiana que no deberíamos olvidar. Pasamos muchas horas al día realizando distintos tipos de tareas y muchas veces nos encontramos aburridos, ansiosos, preocupados... pero generalmente no sabemos ni siquiera que nos encontramos mal y mucho menos a qué es debido. Por ello cuando no nos encontremos en flujo debemos parar y preguntarnos: ¿Cómo me encuentro? ¿En qué canal estoy? Esta es la tarea, parar brevemente y preguntarnos. Una vez que ya sepamos lo que nos pasa y en qué canal nos encontramos, debemos preguntarnos: ¿Qué puedo hacer para mejorar e ir caminando hacia los canales positivos? ¿Sería posible incluso que llegara a fluir?

El pararnos a reflexionar e interrogarnos por nuestra calidad de la experiencia en el momento presente es una tarea sencilla, pero que si se hace correcta y frecuentemente puede resultar fundamental en nuestra vida, porque nos puede llevar a alcanzar mayores cotas de bienestar personal. No nos olvidemos que realizamos actividades casi continuamente tanto de trabajo como de ocio, por ello el saber mejorar nuestro estado de ánimo en relación con las actividades que realizamos puede resultar una práctica fundamental en nuestra vida. Bien merece la pena hacer un pequeño esfuerzo para incorporar este ejercicio como práctica habitual mientras realizamos nuestras actividades cotidianas.

Ejercicio 7. Canales de flujo

- Describe qué actividad te encuentras realizando

_____
_____
_____
_____

- Describe cómo te encuentras:

_____
_____
_____
_____

- Explica en qué canal crees que te encuentras:

_____
_____
_____
_____

- Explica por qué crees que te encuentras en ese canal:

_____
_____
_____
_____

- Si te encuentras en algún canal negativo, explica qué podrías hacer para pasar a alguno de los cuatro canales positivos:

_____
_____
_____
_____

(Continuación del ejercicio)

■ Explica qué podrías hacer para pasar al canal del flujo:

_____

_____

_____

_____

■ Si has conseguido fluir, explica cómo te has sentido:

_____

_____

_____

_____

■ ¿Podrías mejorar la experiencia?

_____

_____

_____

_____

■ ¿Cómo lo harías?

_____

_____

_____

_____

■ Explica si durante la actividad has sentido que podrías alcanzar el éxito de la misma:

_____

_____

_____

_____

Puntos clave

Fluir y otros canales de navegación

A las diferentes combinaciones entre metas y competencias y los diferentes estados de ánimo que surgen de las mismas se les conoce como canales.

Desde el comienzo de los estudios sobre el *flow* hasta el momento actual se han ido postulando diferentes modelos teóricos e investigaciones sobre los canales.

Modelo de *Flujo Original* o de *Tres canales*

En este primer modelo las diferentes combinaciones entre metas y competencias con los diferentes estados de ánimo, dan como resultado tres canales que son: ansiedad, aburrimiento y flujo.

Modelo de Flujo de Ocho Canales

En este modelo las diferentes combinaciones entre metas y competencias con los diferentes estados de ánimo, dan como resultado cuatro canales que son: ansiedad, preocupación, apatía, aburrimiento, relajación, control, excitación y flujo. Es con diferencia el modelo más completo.

En general, cuantos más retos se marque una persona, más intentará concentrarse; por otra parte, cuantas más habilidades tenga, más satisfecha se encontrará. Si esta misma persona consigue equilibrar sus desafíos con sus capacidades en unos niveles altos, habremos conseguido la deseada experiencia de flujo, momento en el que uno se encuentra completamente concentrado, satisfecho y feliz.

Modelo de flujo de canal extendido

Este modelo explica que para conseguir fluir, no solo es necesario que exista equilibrio entre las habilidades y los retos, sino que además debe darse previamente autoeficacia, es decir, que la persona crea en las habilidades que tiene para conseguir el éxito al abordar una tarea.

El modelo quedaría así:

Flujo = equilibrio entre retos y habilidades + autoeficacia

Si no tenemos confianza en poder alcanzar los objetivos que nos hemos marcado al desempeñar una actividad en concreto, difícilmente podremos fluir. Por ello, para alcanzar el flujo, es completamente necesario que creamos en nuestras posibilidades de éxito.

3

CÓMO CONSEGUIR FLUIR

El secreto de la felicidad no es hacer siempre lo que se quiere
sino querer siempre lo que se hace

(León Tolstoi, 1828-1910)

Como hemos visto a lo largo de los capítulos anteriores, fluir resulta una experiencia magnífica que se quiere repetir, incluso aunque implique algún tipo de peligro. Por ello en este capítulo vamos a dar algunos consejos útiles que nos ayuden a alcanzar tan especial experiencia. Comenzaremos viendo las indicaciones que da el padre del flujo para conseguir fluir. Este esboza una secuencia de actuación que reproducimos a continuación por la utilidad que tiene:

1. Establecer una meta general y tantas submetas realistas como sea posible.
2. Encontrar maneras de medir el progreso desde el punto de vista de las metas elegidas.
3. Concentrarse en lo que uno hace y realizar distinciones cada vez más precisas en los desafíos involucrados en la actividad.
4. Desarrollar las habilidades necesarias para interactuar con las oportunidades disponibles.
5. Elevar el nivel si la actividad nos aburre.

Como podemos comprobar, estos pasos que se aconseja dar para conseguir flujo —como no podía ser de otra manera— se encuentran en consonancia con las dimensiones del mismo descritas anteriormente. No obstante, conseguir entrar en estado de flujo para muchas personas no es tan fácil, por ello vamos a intentar estudiar estos importantes consejos.

Consejos para conseguir fluir

Establecer una meta general y tantas submetas realistas como sea posible

Esta primera pauta nos va a resultar muy orientativa para comenzar a entender cómo puedo provocar experiencias de flujo. En este caso se aconseja que tras buscar una actividad de nuestro agrado esta la subdividamos en metas; primero, una meta general y luego tantas submetas como la actividad requiera. Eso sí, se pone mucho énfasis siempre en que las metas y submetas deben de ser realistas. Por ejemplo, si queremos aprender a jugar al pádel, actividad de moda, la primera meta general será esta misma, aprender a jugar al pádel. A continuación iremos desgranando este objetivo general en submetas para abordar la tarea de forma operativa.

En primer lugar, quizá debamos aprender a coger la pala con nuestras manos, esta sería una meta sencilla pero importante; luego podríamos aprender el lugar donde nos debemos situar en el campo y cómo movemos por este con la pala en la mano. Después podríamos aprender a sacar, y más tarde deberíamos aprender algunas técnicas específicas de pelota, como golpear la pelota del revés, jugar con la pared, hacer una bandeja, etc.

Si seguimos las normas anteriores y si practicamos frecuentemente, pronto nos sorprenderemos a nosotros mismos jugando al pádel. Si dedicamos a esta actividad deportiva el suficiente tiempo, con seguridad que en un tiempo prudencial de práctica pronto fluiremos en el campo. En este punto también habría que tener en cuenta el nivel de destreza de los rivales; si este es muy superior, nos generará ansiedad, pero si es muy inferior nos aburriremos. Por eso, en la práctica deportiva el flujo a veces no depende de nosotros mismos.

Encontrar maneras de medir el progreso desde el punto de vista de las metas elegidas

Si queremos fluir, debemos de buscar las formas de medir el progreso. Recordemos que dos de las características fundamentales del flujo que vimos con anterioridad eran: *metas claras*, pero también *feedback sin ambigüedad*, y para recibir este *feedback* claro, debemos de tener clara la manera de progresar en la actividad. Si no sabemos cómo avanzar en la práctica será imposible conseguir alcanzar el flujo. Aunque el avance sea subjetivo, debe existir una forma de medirlo.

Por ejemplo, si estamos componiendo una canción, nos podremos orientar por las leyes de la armonía, pero también por nuestras preferencias musicales. Sin embargo, en el ejemplo anterior del pádel, las cosas son mucho más claras, el progreso se mide fácilmente porque existen unas normas de juego que permiten evaluar este y todos los jugadores deben conocer el marcador.

Concentrarse en lo que uno hace y realizar distinciones cada vez más precisas en los desafíos involucrados en la actividad

Aquí aparece de nuevo el tema de la concentración. Ya explicamos ampliamente la importancia de esta en el estado de flujo. Es así de sencillo, si no existe concentración, claramente no puede haber flujo. El flujo es básicamente concentración, es su energía; en cuánto esta se disipa el flujo cesa. Es como una luz en la noche que nos alumbra; si la luz se apaga, dejaremos de ver.

En esta propuesta, además de la concentración, se nos aconseja que precisemos claramente cuáles son los desafíos que marca la actividad. Si no conocemos los desafíos, caminaremos a ciegas, desorientados, no sabremos hacia dónde tenemos que ir. Cuanto mayor concreción y precisión tengan los retos, mayores garantías tendremos de alcanzarlos.

Volviendo al ejemplo del pádel, el principiante debe entender bien las reglas del juego y saber exactamente cómo y dónde situar la pelota en el campo contrario para anotarse un tanto, si desconoce esta regla sencilla, jamás podrá avanzar en el juego y mucho menos fluir.

Desarrollar las habilidades necesarias para interactuar con las oportunidades disponibles

En este apartado se está haciendo alusión a la práctica dirigida hacia el éxito de la actividad. Sin práctica generalmente no hay destreza y mucho menos maestría, por lo que, si somos torpes, no disfrutaremos con la actividad. Por ello debemos de practicar, pero claro, siempre dentro de nuestras posibilidades. Volviendo a la práctica del pádel, debemos entrenar todo lo más posible para conseguir alcanzar cada vez mayor habilidad y conseguir mejorar nuestro juego y con ello nuestro disfrute.

Elevar el nivel si la actividad nos aburre

El flujo siempre exige práctica continua; no es suficiente solo con que exista equilibrio entre habilidades y desafíos, sino que siempre se debe tender hacia la excelencia. Es decir, con la práctica continua vamos a ir adquiriendo competencias mayores cada vez, por lo que permanentemente vamos a ir rompiendo el equilibrio retos-habilidades, y continuamente tendremos que ir elevando los desafíos para no caer en los canales del aburrimiento.

El flujo siempre exige un delicado equilibrio metas-competencias, pero con tendencia a la superación permanente. Es muy fácil de ver si volvemos al ejemplo del pádel. Si al principio jugábamos contra unos contrincantes que nos superaban, nosotros caíamos en la ansiedad, pero si comenzáramos a practicar sin tregua, más que ellos, pronto los superaríamos y entonces en vez de vernos desbordados y ansiosos podríamos caer en el aburrimiento. El flujo se produciría cuando la otra pareja se encontrara más o menos a la par nuestra en habilidad, o incluso un poquito por encima, así nos obligaría a superarnos.

Ejercicio 8. Pasos para fluir

■ Siguiendo las pautas anteriores piensa una actividad y describe los pasos que darías para conseguir alcanzar el flujo:

_____

_____

_____

(Continuación del ejercicio)

_____

_____

_____

_____

_____

_____

_____

Cómo conseguir más flujo

Cómo incrementar el estado de flujo

De forma somera, lo acabamos de ver, pero por la importancia que tiene esto volvemos a incidir sobre ello. La regla de oro para conseguir aumentar la intensidad y frecuencia de las experiencias de flujo es elevar los retos de la tarea poco a poco. Esta es la primera norma, aunque parezca chocar con las características intrínsecas del flujo que proponen equilibrio entre habilidades y metas. Y esto es así, pero andando el tiempo, con la práctica nos acabaremos volviendo más habilidosos al realizar la tarea, por ello debemos de ir incrementando los retos, para así ir acercándonos a la excelencia.

No podremos permanecer mucho tiempo en equilibrio competencia/retos, por esto, porque iremos adquiriendo capacidades y si no incrementáramos el nivel de las metas, pronto se rompería el equilibrio y según nos fuéramos volviendo más competentes, e incluso fuéramos adquiriendo cierto grado de maestría, nos empezaríamos a aburrir. Por tanto, al principio hay que buscar ese grado de equilibrio, para comenzar a fluir, pero la experiencia de flujo es un proceso y un proceso delicado, en el que habrá siempre que ir incrementando los retos poco a poco para conseguir permanecer en ese estado de flujo. De esta manera además caminaremos hacia la excelencia y este será un placer añadido, sentirse maestro en algo.

Además de las recomendaciones anteriores, otra gran autora de la psicología positiva, Sonja Lyubomirsky, nos da unas pautas para conseguir alcanzar e incrementar la experiencia de flujo. Son pasos sencillos y claros pero muy importantes por la trascendencia que tienen a la hora de fluir. Es fundamental conocerlos, porque nos ayudará mucho a entrar en flujo. A continuación los detallamos para que puedas aprenderlos y practicarlos que es lo más importante.

Controlar la atención

No hay experiencia de flujo sin una atención continuada. La atención es como una linterna en la noche que nos señala aquello que queremos ver. En una noche cerrada, si no nos valemos de algún objeto que emita luz, nada podremos ver. Y esto es lo que pasa con nuestra conciencia, que debemos centrarla, si se dispersa, no nos concentraremos en nada y entonces nuestras ideas divagarán y nos meceremos en un mundo de ensoñación o rumiación.

Para fluir necesitamos de esta atención, y para continuar fluyendo necesitamos mantener esa atención. En el momento que esta decaiga, el estado de flujo cesará. Es la atención y junto a esta la concentración las que nos mantienen involucrados en la tarea que nos hace fluir.

Nuestra vida se condensa donde centramos nuestra atención, nada hay fuera de la misma, vivimos dentro de los límites de ella. Al principio, puede costar un poco centrar nuestra conciencia e involucrarnos en la tarea, pero con el tiempo, iremos mejorando esta capacidad, lo cual nos dará una increíble y grata sensación de dominio de la tarea. Sentiremos que somos capaces de superarnos a nosotros mismos, lo cual redundará en una gran satisfacción personal. Pero estas sensaciones las percibiremos tras la experiencia de flujo; durante la misma nuestra concentración será máxima y no permitirá pararnos a pensar en cualquier tipo de sensación por extraordinaria que sea, en el momento que pensemos «qué bien lo estoy pasando» ya habrá cesado nuestra concentración y por tanto nos saldremos de la experiencia de flujo.

Este es el secreto: durante la ejecución de la actividad solo tendremos capacidad para concentrarnos e involucrarnos en la tarea, nos *disolveremos* en la misma, no habrá espacio ni lugar para ningún otro tipo de pensamiento, sensación o sentimiento. Tan solo habrá sitio para la concentración y la fusión con la actividad de nuestra elección. Aunque en la práctica, si la actividad se extiende en el tiempo, en algún momento nos detendremos a evaluar cómo lo estoy haciendo y tras esto experimentaremos un punto de inflexión en el que por nuestra consciencia pasará un pensamiento/sentimiento de satisfacción por lo bien que lo estoy haciendo.

Ejercicio 9. Atención-concentración en un objeto neutro

Túmbate o siéntate en un lugar confortable, haz tres respiraciones lentas y profundas; con la espiración siente que te relajas más y más, suelta todas tus tensiones. A continuación concéntrate en un objeto neutro, un objeto que no signifique nada para ti, que no te despierte ningún tipo de emoción, ni negativa ni positiva, permanece contemplándolo durante un largo rato. Lo normal es que tu atención se disperse y tu concentración descienda tras un tiempo de contemplación; no importa, deja pasar las distracciones como si fueran nubes en un día de verano y continúa con tu práctica. Vuelve a la contemplación de tu objeto y, cuando te canses, dale las gracias y sal de ese estado haciendo de nuevo unas respiraciones profundas y unos estiramientos.

No permanezcas más que unos pocos minutos contemplando el objeto de tu elección. Realmente, permanecer atento a un objeto neutro es una práctica bastante difícil y si te obligas a practicar durante mucho tiempo te frustrarás.

Este ejercicio trata de hacerte comprender las dificultades que encontramos para dirigir la atención a voluntad. Por ello es tan recomendable practicar, cuanto más entrenes, mayor dominio sobre tu mente adquirirás y esto te reportará grandes beneficios a la hora de conseguir fluir.

■ Describe cómo te has sentido:

_____

_____

_____

_____

■ Describe qué dificultades has encontrado:

_____

_____

_____

_____

(Continuación del ejercicio)

■ Explica cómo piensas superar esas dificultades en próximas ocasiones:

_____

_____

_____

_____

■ Describe qué es lo que más te ha gustado de esta práctica:

_____

_____

_____

_____

Abrirnos a experiencias nuevas

Cuando llegamos a una edad, normalmente tenemos muy claro aquellas cosas que nos hacen disfrutar y aquellas que no. Salvo contadas excepciones, dejamos que esta visión guíe nuestra vida. Haremos las cosas que nos gustan y excluiremos de nuestro catálogo de actividades aquellas que no. Esto frecuentemente nos lleva a encorsetarnos dentro de unos parámetros de los que cuesta salir, porque generalmente rechazamos hacer actividades nuevas porque presuponemos de entrada que no nos van a gustar. Seguro que todos tenemos la experiencia de habernos visto sorprendidos al realizar alguna actividad que en principio nos parecía aburrida o tonta y luego fue todo lo contrario. Otras veces, nos vemos atrapados por los convencionalismos sociales y sentimos vergüenza de realizar algún tipo concreto de actividad, muchas veces porque nos vemos *mayores* para andar realizando según qué cosas.

Si queremos ser felices, debemos darnos nuevas oportunidades para disfrutar. Para ello hemos de desterrar todo tipo de prejuicios e ideas preconcebidas de lo que deben ser nuestras actividades de ocio, y tan solo tener en mente el objetivo de disfrutar y conseguir fluir. Cuanto más abiertos estemos a realizar actividades nuevas de todo tipo, más oportunidades tendremos para alcanzar nuestro gran objetivo, atraer experiencias de flujo a nuestras vidas que nos ponen en el camino de la felicidad.

Ejercicio 10. Abrirnos a experiencias nuevas

■ Escribe algunas actividades que te encante realizar:

_____

_____

_____

_____

■ Escribe algunas actividades que te gustaría realizar, pero no te atreves por distintos motivos:

_____

_____

_____

_____

■ Analiza los motivos y concluye si realmente tienen razón de ser o tan solo son miedos que te cuesta superar:

_____

_____

_____

_____

Aprender con qué se fluye

Una vez estemos ya convencidos de que debemos estar abiertos a todo tipo de actividades y experiencias nuevas, tendríamos que comenzar a practicar sin tregua, a aceptar todas aquellas actividades que nos surjan y que nos parezcan interesantes, tanto da si se trata de montar a caballo, hacer alpinismo o jugar a los bolos, lo importante es explorar la experiencia y ver qué sensaciones nos depara.

Tras las diferentes experiencias, lo deseable es que reflexionemos sobre lo que hemos sentido, las vibraciones que nos ha proporcionado la tarea, y también sobre si esta es factible de realizar o no. Puede haber actividades que nos encanten pero sean muy caras como navegar en yate, o bien podemos haber practicado alguna actividad que, aunque nos haya gustado, en principio no conviene que repitamos demasiado a menudo porque nos pueda perjudicar una antigua lesión. Por tanto, aunque estemos abiertos a todo tipo de experiencias, sí que debemos intentar ir haciendo nuestra propia selección de actividades que nos hacen fluir, que podemos practicarlas asiduamente sin ninguna o pocas dificultades y además no nos resulten en absoluto dañinas. Esta selección nos resultará de gran importancia.

Tener identificadas las tareas que nos llevan hasta el flujo nos guiará hasta el flujo mismo. Esto es debido a que es frecuente que, salvo si estamos atentos, no nos demos cuenta de cuándo fluimos, por lo que una vez que seamos capaces de concretar cuáles son esas actividades que nos resultan tan agradables, debemos intentar repetirlas una y otra vez. La propia satisfacción que sentiremos al entregarnos a estas actividades por sí mismas nos hará repetirlas con frecuencia y con ello ya estaremos dando un gran paso de calidad hacia la consecución de nuestra felicidad, porque ¿puede haber felicidad mayor que sumergirnos frecuentemente en esas actividades que nos entusiasman?

Ejercicio 11. Examen de tareas nuevas

■ Haz una relación de las tareas nuevas que has realizado últimamente:

_____

_____

_____

_____

■ Describe cómo te sentiste practicando cada una de ellas:

_____

_____

(Continuación del ejercicio)

_____

_____

■ Describe las dificultades que has encontrando al practicarlas:

_____

_____

_____

_____

■ Explica si serías capaz de superar las dificultades para poder continuar practicando esa actividad que te gusta:

_____

_____

_____

_____

Transformar las tareas rutinarias

A lo largo del día nos vemos obligados a desarrollar multitud de tareas que nos pueden parecer increíblemente aburridas o tediosas. La mayoría de las veces pensamos que no podemos hacer nada por transformarlas en actividades menos monótonas, y así van pasando los días mientras que podríamos languidecer empujados por un enjambre de días grises. Esta realidad nuestra que nos parece inalterable, puede cambiar. Si no lo hemos hecho antes es porque desconocíamos las reglas del flujo. Recuerda, equilibrio entre las habilidades y los retos, objetivos claros, concentración... quizá con estas tres primeras reglas, consigamos poder permutar un día aburrido en un día llevadero y con un poco de ingenio hasta divertido. No necesitas cambiar de vida ni que te toque la lotería para conseguir proyectar en tu día a día algo de disfrute.

La idea es transformar actividades monótonas y tediosas en actividades de microflujo. Para ello ya apuntábamos antes alguna fórmula, vamos a detenernos más en este punto por la importancia que tiene:

Diseña tus actividades de manera que crees unas nuevas normas totalmente inventadas con el objetivo de fluir

Por ejemplo, si tienes que pasar al ordenador largas páginas del infinito memorándum que te ha pasado tu jefe, procura ir aumentando tu velocidad minuto a minuto, contrólala con un reloj, y ve apuntando tus marcas, así te estimularás a escribir más y más deprisa, y este simple afán de superación te llevará a disfrutar más con tu monótona tarea. No conseguirás una actividad de macroflujo, pero al menos vivirás la experiencia con algo más de motivación.

Ejercicio 12. Transforma las tareas rutinarias

■ Piensa en alguna actividad placentera y describe algunas normas para alcanzar el flujo:

_____

_____

_____

_____

■ Piensa en alguna actividad monótona, rutinaria o de trabajo y describe algunas normas para alcanzar el flujo:

_____

_____

_____

_____

Ten tus metas claras

El tener presente cuáles son tus metas es un requisito *sine quanon* para poder alcanzar el flujo. Si no hay propuesta de metas, no puede existir experiencia de flujo, es imposible. El tener presente unos objetivos te ayuda a mantener la atención puesta en algo; de lo contrario, la atención se dispersa y te desconcentras. Es como el barco que va buscando el faro para conseguir arribar a puerto; sin el faro el navegar será una tarea ardua e incierta, lo más seguro es que nunca se llegue. Pues esto mismo sucede con las metas: son nuestro faro; ellas nos guían y nos indican el camino a seguir. Por tanto, nunca olvides fijarte unos objetivos por simple y sencilla que sea la tarea. Pero eso sí, las metas deben de alcanzar un nivel que propicie el flujo; es decir, metas que no sean ni demasiado básicas ni demasiado elevadas. De esta manera, ni nos aburriremos al realizar la actividad ni nos generará ansiedad.

La meta debe diseñarse de forma bien calibrada, que no sea extremadamente fácil de alcanzar, que nos suponga un reto, no un imposible. Si continuamos con nuestro ejemplo de microflujo de escribir rápido al ordenador, la meta debería suponer una velocidad un poco más alta de la que estamos acostumbrados a llevar al escribir de ordinario, esto supondrá un esfuerzo extra en concentración y en ejecución, lo cual ya nos acercará a los límites del flujo.

Intenta que tus habilidades estén en equilibrio con tus metas

Esto que siempre es importante a la hora de fluir, no lo es menos en el momento de transformar una actividad monótona en una actividad entretenida. En el ejemplo anterior no deberías fijarte una marca insuperable, así lo único que conseguirías sería frustrarte. Busca una meta un poquito por encima de tus capacidades, no por debajo, ni al nivel de tus habilidades, sino tan solo un poco por encima de las mismas y luego poco a poco la vas aumentando. Verás cómo este es el secreto de la motivación, y también el secreto para evitar la desmotivación.

Recuerda, busca marcas siempre un poco por encima de tus verdaderas capacidades. Aunque con el tiempo, según la teoría del flujo, tendrás que ir incrementando tus propias marcas, de esta manera siempre te mantendrás motivado/a y evolucionando; de no hacerlo así, te aburrirás. No lo olvides, siempre hay que ir aumentando las metas, es la única fórmula que existe para mantenerte motivado/a e involucrado/a en la tarea.

Ejercicio 13. Equilibrio en tus metas

■ Piensa en la actividad monótona que elegiste antes y describe las metas que te fijarías a la hora de realizarla y reflexiona si estaría más o menos en equilibrio con tus habilidades:

_____

_____

_____

_____

Busca la atención/concentración en la tarea aunque sea sencilla

Aunque en el caso que nos ocupa estemos hablando de tareas sencillas, no por ello debemos descuidar la atención/concentración, de hacerlo, en ese preciso instante dejaríamos de fluir. La atención/concentración es la energía que nos mueve, la gasolina que permite que fluyamos, es el combustible del flujo, sin concentración nada conseguiremos, sería algo así como un coche sin gasolina.

Fluimos porque permanecemos atentos y concentrados; si no, nuestra consciencia se dispersa y con ella el estado de flujo. Pon toda tu atención en la tarea, concéntrate como si en ello te fuera la vida, y verás cómo el esfuerzo se verá recompensado con una maravillosa experiencia de flujo. Si, por ejemplo, estás esforzándote por escribir más rápido al ordenador, concéntrate en ello, concéntrate como si de ello dependiera tu empleo y entonces lo conseguirás; pasado un rato te sorprenderás inmerso en una agradable experiencia de flujo. Si de vez en cuando te distraes, será normal, sobre todo en este tipo de tareas monótonas y en mentes no entrenadas. No te desanimes, no pasa nada, tan solo sé consciente de que te has desconcentrado y vuelve a retomar tu actividad de nuevo, con el firme propósito de mantenerte concentrado/a.

Ejercicio 14. Concentración en cualquier actividad

En esta ocasión se te pide que realices una actividad placentera o no, pero poniendo un énfasis especial en hacerlo de forma concentrada.

■ Describe qué dificultades has tenido:

_____

_____

_____

_____

■ Explica cómo crees que puedes superar estas dificultades la próxima vez:

_____

_____

_____

_____

Crear actividades de microflujo

Habrá tantas como personas para diseñarlas; es cuestión de creatividad. Cada uno tendremos las nuestras propias, porque cada persona presenta unas aficiones y habilidades distintas. Por eso la creación de actividades de microflujo será algo muy personal. Pero de todas formas queríamos dar aquí algunas ideas para que se entienda bien y podamos generar con mayor facilidad nuestras propias tareas susceptibles de flujo.

Ejemplos:

Si vamos en un autobús mirando por la ventanilla, podemos formar pequeños pareados con las cosas que vemos desde allí; pero si lo nuestro no son las letras sino los números, desde esta misma ventanilla podremos sumar rápidamente los números de las matrícula de los coches, o sumar los pares y los impares, o bien restar los pares de los impares. Otro ejemplo, buscar matrículas de coches capicúa. Como se verá, son múltiples las opciones que tenemos, simplemente mirando desde una pequeña ventana, es cuestión de poner la creatividad a trabajar y tener verdaderamente ganas de fluir.

Si te gusta la música, también son infinitas las posibilidades. Imagínate que te encuentras esperando en la consulta de un médico muy lento, los minutos se convierten en horas y pasan muy lentamente. En este caso puedes intentar recordar el nombre de todas las canciones que conoces de un determinado grupo musical y cuando termines, puedes intentar recordar la música y letra de sus canciones; si la interminable espera continúa, puedes relacionar al grupo musical en cuestión con otros grupos similares también de tu agrado y proceder de igual manera. De esta forma, aunque la experiencia que alcances sea solo de microflujo, por lo menos el tiempo habrá pasado más rápidamente y la espera se habrá hecho mucho más agradable.

Asimismo, puedes buscar actividades de microflujo compartido, es otra experiencia fascinante. Si tienes hijos seguro que sabes lo que es fluir jugando con ellos. Para disfrutar del tiempo compartido con la familia, puedes inventar diferentes tipos de juegos estimulantes, con normas claras y sencillas, con retroalimentación inmediata y con metas acordes a sus habilidades, quizá un poquito más elevadas, que les cueste algo de trabajo conseguir sus objetivos; y recuerda, no te olvides de ir incrementando el nivel, intenta que siempre se tengan que superar, que no caigan en el aburrimiento.

Esforzarse por alcanzar el macroflujo

Antes hemos podido ver la conveniencia de buscar actividades de microflujo para conseguir pasar el día de manera satisfactoria. Llenar nuestros días de microflujo es una tarea que bien merece la pena, porque el nivel de disfrute de nuestra vida se verá incrementado en general; pero en este apartado estamos hablando de otra cosa, hablamos de macroflujo y esto son *palabras mayores*. Cuando encuentras el macroflujo, al realizar alguna actividad, la querrás repetir, y al concluirla te sentirás mucho más feliz, enérgico, motivado, lleno de vida, pletórico... así de potentes son las experiencias de macroflujo.

Podrías pensar que tener experiencias de ese tipo debe de ser muy complicado y que probablemente estén reservadas para unos pocos privilegiados.

Si piensas así te equivocas completamente. Este tipo de experiencia, como venimos diciendo, la puede disfrutar cualquiera; puede tratarse de un partido de baloncesto, de escribir un poema, de jugar con nuestros hijos en casa, de coser una mantelería... Es decir, realizar cualquier tipo de actividad que sea de nuestro agrado y que tengamos ciertas dotes para llevarla a cabo. Lee bien este manual y sigue sus indicaciones, pon interés y algo de esfuerzo y verás cómo tú también te puedes acercar a la felicidad a través de las experiencias de flujo.

Debemos advertir de que el problema no suele ser alcanzar este tipo de experiencias cuando se sabe cómo hacerlo, sino el que a veces no podremos pensar en otra cosa y querremos pasarnos todo el tiempo realizando esa actividad que nos fascina y que tanto disfrute nos proporciona. Si no tenemos cuidado, esto se puede convertir en una adicción, y podemos llegar a obsesionarnos o a dejar de lado otro tipo de responsabilidades como podría ser pasarnos todo el día jugando al fútbol en vez de estudiar, o pintar o incluso trabajar y olvidarnos de la convivencia familiar. Por tanto, deberemos hacer un ejercicio de responsabilidad y disfrutar siempre utilizando el sentido común, el sentido de la proporción equilibrada.

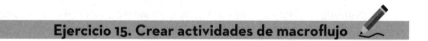

Ejercicio 15. Crear actividades de macroflujo

■ Describe algunas actividades que resulten de tu agrado con las que crees que podrías alcanzar el macroflujo:

_____

_____

_____

_____

■ Describe cómo tendrías que realizarlas para alcanzar el macroflujo:

_____

_____

_____

_____

Fluir conversando

Hay personas que son extremadamente sociables, y esto suele ser porque, además de gustarles el contacto social, lo pasan de fábula hablando con los demás. Esto sucede porque mientras conversan entran en flujo, o al menos en microflujo: pierden la noción del tiempo y del lugar donde se encuentran, se sienten tan involucrados en la conversación que no piensan en nada más, permanecen completamente concentrados y absortos en la misma y seguro, que en ese momento no quisieran estar en ninguna otro parte. Si te ha sucedido alguna vez esto mientras hablabas, es que has tenido una experiencia de flujo conversando, esta experiencia es muy grata y nos estimula a fomentar más el arte de la conversación. Pero si esto no te ha sucedido y quieres que te suceda, hay algunas pequeñas normas que puedes seguir y a buen seguro lo conseguirás. Aprovecha ahora que estás aprendiendo las reglas del flujo, para buscar más y más actividades que te acerquen hasta esta grata experiencia.

Si quieres conseguir entrar en flujo mientras conversas, sigue las siguientes pautas:

- Lo primero es concentrarte en la conversación y pensar qué sabes sobre la misma.
- Escucha, escucha mucho, permanece completamente concentrado en lo que tu interlocutor te está intentando transmitir.
- Piensa antes de hablar. Hablar sin pensar es una mala costumbre muy extendida y no lleva más que a la senda de los problemas o al menos de la inutilidad.
- Da tiempo a que la otra persona haya terminado de comunicar todo lo que quiere para intervenir tú. No la interrumpas. Sé generoso y deja que se explaye.
- Anima a tu interlocutor a que continúe hablando con preguntas breves y concretas como «¿Y qué pasó? ¿Cómo terminó la cosa? ¿Cómo te sentiste?».
- Procura interesarte por la persona que habla. Conocer sus opiniones, su carácter, sus problemas personales...
- Piensa qué puedes aprender de la conversación que mantenéis, pero si es tan solo una conversación para pasar el rato, procura estar chisposo/a y ocurrente y ríete sinceramente si algo te hace gracia, pero jamás te rías forzadamente, esto se nota y debilita las relaciones.

- Mantente presente en la conversación, no estés pensando en *tus cosas* mientras hablas.

Ejercicio 16. Fluir conversando

Piensa en alguna conversación en la que llegaste a fluir.

■ ¿Qué hiciste para conseguir fluir?

_____
_____
_____
_____

■ ¿Qué dijiste?:

_____
_____
_____
_____

■ ¿Cómo te sentiste?:

_____
_____
_____
_____

■ ¿Cómo crees que se sintió tu interlocutor?:

_____
_____
_____
_____

(Continuación del ejercicio)

■ ¿Qué crees que tienes que volver a hacer para conseguir fluir de nuevo?:

_____

_____

_____

_____

Ocio inteligente

Tras un duro día de trabajo, por lo general no nos molestamos en buscar una actividad de ocio que nos llene, sino que nos limitamos a relajarnos normalmente delante del televisor. Esto en esencia no es malo, podríamos decir que es hasta necesario, *el descanso del guerrero*, un momento para dejar divagar nuestra mente o concentrarse ligeramente en alguna serie superficial que den por la tele.

Este tipo de ocio pasivo tiene su función, y está muy bien. El problema es el tiempo que podemos permanecer en él. Si es mucho, nosotros mismos nos daremos cuenta de que no nos aporta nada y que es una clara pérdida de tiempo.

> Algunos autores como Sonja Lyubomirsky, opinan que más allá de 45 minutos de ocio pasivo es demasiado, que no nos va a hacer sentir bien.

Por ello es muy interesante que hagamos un esfuerzo por intercalar ocio pasivo con ocio de calidad, entendido este como un ocio que nos aporte algo a nuestra vida, aunque solo sea disfrute máximo con experiencias de flujo. Este ocio inteligente, sería hacer deporte, tocar un instrumento, dibujar, escribir, hacer ganchillo, jardinería, etc., cada persona puede encontrar el suyo.

Ejercicio 17. Ocio pasivo/ocio inteligente

■ Describe las actividades de ocio pasivo que realizas:

_____

_____

(Continuación del ejercicio)

_____

_____

- ¿Cuánto tiempo te lleva al día cada una de estas actividades de ocio pasivo?:

_____

_____

_____

_____

- Describe las actividades de ocio inteligente que realizas:

_____

_____

_____

_____

- ¿Cuánto tiempo te lleva al día cada una de estas actividades?

_____

_____

_____

_____

Reflexiona:

- ¿No crees que a lo mejor sería más interesante y conveniente invertir más tiempo en ocio inteligente que en ocio pasivo? ¿No crees que te sentirías mejor? Razona tú mismo/a estos extremos:

_____

_____

_____

_____

Trabajo inteligente

En el asunto del trabajo todo es cuestión de enfoque y perspectiva. Según algunos investigadores, las personas pueden considerar su trabajo como un empleo, como una carrera o como una vocación. Las personas que sienten su trabajo como un *empleo* permanecen en él porque lo necesitan para vivir; pero de él no extraen más que el dinero necesario que les permita cubrir sus necesidades básicas o como máximo disfrutar de vez en cuando, aunque el disfrute va a tener lugar fuera del trabajo. En este caso este se considera una actividad de esfuerzo y de sufrimiento por la que se está obligado a pasar para poder vivir.

Para los trabajadores que consideran su actividad laboral como una *carrera,* esto lleva aparejado siempre el afán de promoción. Se anhela la promoción, para conseguir ganar más dinero, vivir mejor, ostentar poder, mejorar su estatus social o incluso elevar la autoestima. Y por último, aquellas personas que consideran su trabajo como una *vocación* son las más satisfechas y fluyen fácilmente; sienten que su actividad laboral es de utilidad para la sociedad, la disfrutan desarrollándola y se sienten realizados con ella. Pueden estar muy absortos en un momento concreto de su actividad, eso es fluir. Aunque si la absorción se convierte en un estado mental más persistente y duradero en el tiempo, ya estaríamos hablando de *engagement*, que es un estado mental positivo de realización caracterizado por absorción, dedicación y vigor en el trabajo (Salanova, M., Schaufeli, W.,2009).

Es cierto que hay trabajos más propicios para sentirlos como vocación, como puede ser la medicina, la psicología, la educación, el arte... pero, como decíamos, todo es cuestión de perspectiva. Cualquier empleo, con tal de que sea digno, puede ser sentido como una vocación y por ello, ser candidato a ser objeto de actividad de flujo. Todo depende de la visión que seamos capaces de tener de nuestro propio empleo. Esto se ha observado en multitud de estudios y las diferencias individuales son grandes. Mientras una limpiadora, por ejemplo, puede sentirse ínfima e insignificante pasando la mopa por las habitaciones de un hospital mientras observa a las enfermeras haciendo sus curas, otra puede pensar que está contribuyendo al bienestar general, y que la vida de los pacientes y el resto de los trabajadores es mucho más saludable y agradable estando en un hospital limpio. Es más, la vida en un hospital o en cualquier lugar sería imposible si no fuera por la gran labor que realizan estos y otros trabajadores.

Ejercicio 18. Fluir en el trabajo

■ Reflexiona si sientes tu trabajo como un empleo, una carrera o una vocación: Explica por qué:

_____

_____

_____

_____

■ ¿Podrías hacer algo para que esto cambiara? ¿Describe el qué?:

_____

_____

_____

_____

La importancia de las actividades en nuestra vida cotidiana

La calidad de la experiencia, o la forma en la que vivenciamos aquello que nos ocurre y hacemos, podría decirse que es el eje central de una buena vida. No hay felicidad si no disfrutamos de aquello que realizamos. O sea, si no fluimos. Nadie puede ser feliz si no encuentra al menos unos momentos al día para sentirse pleno. Si nuestra vida se ciñe solo a realizar actividades obligatorias, sean del tipo que sean y que no nos producen satisfacción alguna, difícilmente podremos afirmar que llevamos una vida de calidad. Aunque sean actividades «elevadas» como salvar vidas, ayudar a los pobres o enseñar a niños, si con ello no disfrutamos, resultarán actividades vanas que en nada contribuirán a nuestro crecimiento personal y satisfacción propia.

Según la teoría, la distribución clásica de las tareas se rige por la regla del ocho: ocho horas para trabajar, ocho para disfrutar y otras ocho para dormir.

Pero esta máxima se sitúa de espaldas a la realidad, la mayoría de las personas se encuentran lejos de disfrutar durante ocho horas diarias. Esto es una completa utopía; posiblemente no alcancemos ese número de horas de disfrute ni siquiera el fin de semana. La realidad dista mucho de esta fórmula optimista; tampoco solemos dormir 8 horas a diario, sino menos, y, desde luego, en la gran mayoría de casos la jornada laboral no es fuente de satisfacción y placer, sino de cansancio, estrés o aburrimiento. Esta es la cruda realidad de la calidad de experiencia que tenemos al menos en nuestra sociedad occidental. Pero veamos esto de forma más pormenorizada.

Las tareas en sí mismas no tienen capacidad alguna de incidir de forma positiva o negativa sobre las personas, esto depende de multitud de variables, como, por ejemplo, los gustos individuales y los diferentes estados de ánimo. Una sencilla actividad como montar en bicicleta, podrá constituir una gran afición para muchas personas y una gran fuente de placer. Sin embargo, para otras constituirá una actividad monótona y cansina. Luego, no se puede generalizar con relación a las actividades en sí, sino que el placer que estas nos pueden proporcionar, dependerá como decíamos, de las preferencias individuales y el ajuste emocional del momento.

Puede ser que a una persona le suela gustar mucho montar en bicicleta, pero podría ocurrir que en un momento puntual de su vida, esta actividad le parezca aburrida por multitud de razones. Sin embargo, realizar algunas tareas como comer, parece que es fuente de satisfacción general para todos. La comida es un espacio de nuestra vida en el que siempre nos mostramos más satisfechos independientemente de lo apetitosa que esta se nos antoje. Comer resulta una necesidad fisiológica fundamental, nos resulta básico para vivir, quizá por ello la naturaleza haya dotado este acto de placentero; muy probablemente si fuera al contrario la especie humana se hubiera extinguido.

El problema es que hay personas que se centran demasiado en los placeres de la comida, acarreándoles esta afición desmedida graves problemas de salud. Lo mismo podría decirse del sexo, el placer que entraña la actividad sexual asegura la supervivencia de la especie, disfrutar del mismo es una de las actividades más buscadas y deseadas, pero... cuando se vive con riesgo o desmesura podría constituir una fuente importante de conflictos.

Como hemos visto, efectivamente, existen algún tipo de tareas que son motivantes por sí mismas como comer, dormir, o el sexo, quizá porque son necesidades fisiológicas de primer orden. Pero lo cierto es que estas actividades no reportan a la persona más que un mero placer hedónico, sin ningún tipo de satisfacción elevada.

La persona que come, se encuentra contenta, pero ni concentrada ni especialmente feliz, salvo que haya otras circunstancias concomitantes que puedan ocasionar esta felicidad. La persona que come no fluye, no se muestra concentrada, a veces comemos sin pensar, tan solo engullimos de forma despistada y casi sin saborear los platos, pero, a pesar de ello, nos mostramos satisfechos al comer.

Las comidas del día son espacios agradables de placer que todos tenemos reservados, pero… como no podemos —o al menos no debemos— estar comiendo a todas horas, debemos de buscarnos otras actividades gratificantes para realizar. De cualquier manera, la comida es placentera porque en el cómputo total del día consume muy poco espacio, Pero, ¿qué pasaría si estuviéramos comiendo a todas horas? La respuesta es evidente, el acto de comer y la comida misma dejarían de ser placenteros, sencillamente nos saciaríamos. Esto es lo que sucede con algunas actividades que realizamos obligatoriamente durante muchas horas al día; bien podría ser el caso del trabajo.

Muy probablemente, trabajar en alguna actividad que nos guste unas horas podría resultar agradable, pero pasar muchas horas trabajando, al final produce un efecto de saciación bien desagradable y cansino. Por ello desde este manual instamos a las personas a que busquen maneras nuevas de enfocar el trabajo, para que sean capaces de conseguir algo de flujo en su actividad laboral.

Para saber cuál es tu nivel de disfrute mientras realizas actividades durante el día, puedes recurrir al método de muestreo de experiencia que te presentaremos en el capítulo 4. De esta forma podrás tener argumentos de valor para decidir qué tareas elegir para practicar y los mejores momentos para realizarlas. Por tanto, bien merece la pena que realices el ejercicio de auto-evaluación que te propusimos anteriormente.

A continuación realiza los siguientes ejercicios que te harán reflexionar sobre aspectos referentes a las actividades que realizas, el objetivo es que tras la reflexión profunda puedas intentar poner las estrategias debidas para mejorar y superarte.

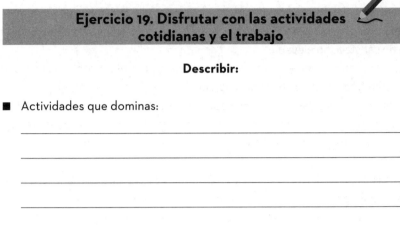

Ejercicio 19. Disfrutar con las actividades cotidianas y el trabajo

Describir:

■ Actividades que dominas:

_____

_____

_____

_____

■ Actividades que te gustaría dominar:

_____

_____

_____

_____

■ Actividades que te resultan placenteras:

_____

_____

_____

_____

■ Actividades que te resultan aversivas:

_____

_____

_____

_____

(Continuación del ejercicio)

Reflexiona:

- ¿Cómo consideras tu actividad laboral? Señala la respuesta con la que te identifiques:

  ¿Aversiva? ¿Soportable? ¿Placentera?

  ¿Por qué?:

  _____

  _____

  _____

  _____

- ¿Podrías hacer algo para mejorar y encontrar mayor satisfacción durante tu tiempo de trabajo?

  SÍ / NO

  Describe aquello que se te ocurra:

  _____

  _____

  _____

  _____

- ¿Consideras que tu actividad laboral te permite crecer profesionalmente?

  SÍ / NO

  ¿Por qué?:

  _____

  _____

  _____

  _____

- ¿Podrías hacer algo para mejorar este aspecto?

  SÍ / NO

  ¿Por qué?:

  _____

_____

_____

_____

■ ¿Consideras que tu actividad laboral te permite crecer personalmente?

SÍ / NO

¿Por qué?:

_____

_____

_____

_____

■ ¿Podrías hacer algo para mejorar este aspecto?:

SÍ / NO

¿Por qué?

_____

_____

_____

_____

■ Describe aquello que creas que podrías hacer para conseguir crecer personalmente con tu trabajo:

_____

_____

_____

_____

El ejercicio anterior resulta muy importante, porque te permite reflexionar sobre aspectos tan cotidianos que muy probablemente nunca te hayas parado a pensar sobre ellos. Seguro que siempre has dado por supuesto una serie de hechos, como que, por ejemplo, el trabajo resulta tedioso y el ocio placentero, y quizá estas afirmaciones sean precipitadas. Por eso es tan interesante que ahora te armes de lápiz y papel e intentes hacer una reflexión profunda sobre ello, probablemente te sorprendan los resultados.

Otro aspecto de este ejercicio es intentar pensar soluciones nuevas y creativas a los aspectos negativos que hayas encontrado al realizar el ejercicio sobre diferentes situaciones. Por ejemplo, si finalmente concluyes que tu trabajo te resulta aburrido y tan solo obtienes de él la paga de final de mes, sería bueno pensar que este es un asunto muy serio porque normalmente pasamos ocho horas diarias trabajando, por lo que convendría que buscaras soluciones creativas de acuerdo con las leyes del flujo e intentaras de alguna forma ir solucionando este problema.

La calidad de la experiencia cotidiana la marcan las actividades diarias que realizas, por ello bien merece un esfuerzo en dedicación. Es una cuestión muy importante que entronca directamente con nuestra felicidad. No regatees esfuerzos, trabaja sobre tu propia experiencia, verás cómo poco a poco tu vida va cambiando a mejor y tú comienzas a encontrarte cada día más feliz e incluso más sano.

Puntos clave

Consejos para conseguir fluir

1. Establecer una meta general y tantas submetas realistas como sea posible.
2. Encontrar maneras de medir el progreso desde el punto de vista de las metas elegidas.
3. Concentrarse en lo que uno hace y realizar distinciones cada vez más precisas en los desafíos involucrados en la actividad.
4. Desarrollar las habilidades necesarias para interactuar con las oportunidades disponibles.
5. Elevar el nivel si la actividad nos aburre.

Cómo conseguir más flujo

- Cómo incrementar el estado de flujo.
  - Controlar la atención.
  - Abrirnos a experiencias nuevas.
  - Aprender con qué se fluye.
  - Transformar las tareas rutinarias.
    * Diseña tus actividades de manera que crees unas nuevas normas totalmente inventadas con el objetivo de fluir.
    * Ten tus metas claras.
    * Intenta que tus habilidades estén en equilibrio con tus metas.
    * Busca la atención/concentración en la tarea aunque sea sencilla.
  - Crear actividades de microflujo.
  - Esforzarse por alcanzar el macroflujo.
  - Fluir conversando.
  - Ocio inteligente.
  - Trabajo inteligente.

La importancia de las actividades en nuestra vida cotidiana

Realizar actividades de disfrute dentro de un ordenado ocio inteligente es una de las vías más seguras para poder alcanzar el equilibrio y bienestar personal en nuestra vida.

4

¿CÓMO SABER SI ESTOY EN FLUJO?

La felicidad siempre viaja de incógnito. Solo después
que ha pasado, sabemos de ella.

(Anónimo)

Lo mismo le ocurre al flujo.

Como venimos estudiando, el flujo es principalmente una experiencia óptima, en la que las propias habilidades se encuentran en equilibrio con las demandas de la actividad que se quiera efectuar; además, se aprecian unas metas claras y unas reglas sujetas a feedback que sirven para orientar sobre la evolución de la ejecución de la persona. Por otro lado, la atención debe estar focalizada y la concentración debe ser muy intensa, de forma que la percepción del tiempo e incluso la conciencia del yo se vean alteradas. Este proceso debe contar con otra característica especial y esta es que la experiencia resulte tan increíblemente agradable que se quiera repetir incluso, aunque se tengan que pasar penalidades para realizarla y todo ello en ausencia de recompensas externas.

Las dimensiones del flujo psicológico se corresponden con las siguientes características que se citaban con anterioridad. Por su importancia se vuelven a exponer las mismas a continuación:

1. Equilibrio reto-habilidad.
2. Fusión acción-atención.
3. Metas claras.

4. *Feedback* sin ambigüedad.
5. Concentración en la tarea encomendada.
6. Sensación de control.
7. Pérdida de conciencia del propio ser.
8. Transformación del tiempo.
9. Experiencia autotélica.

El hecho de conocer con detalle las citadas dimensiones del flujo nos ayudará a tomar consciencia de si hemos alcanzado una experiencia óptima. Pero para ello debemos de ser capaces de alcanzar a conocer los contenidos de nuestra mente, en una suerte de proceso de introspección profunda que intentaremos conseguir con la práctica. Es decir, la habilidad que debemos trabajar es observar la actividad de la propia mente y entender el lenguaje de nuestro cuerpo. Para ello lo primero es mantener la atención/concentración necesarias que iluminen nuestra consciencia.

Por otro lado, debemos decir que la personalidad sana presenta *tridimensionalidad temporal*. Esto es, tenemos que situar la vivencia del presente en un marco amplio donde trabajemos también con el pasado y con el futuro para conseguir la felicidad. Esta no es solo el ahora, son también los proyectos, los sueños, y el recuerdo positivo. Pero, en definitiva, todas las vivencias deberán suceder en el presente.

En realidad, todo sucede en el presente, la vida entera sucede en el presente, hasta cuando viajamos al futuro o nos trasladamos al pasado, todo ello sucede en el presente, nada escapa a él. La vida es un presente continuo por mucho que intentemos huir de él. Somos creados y recreados para el presente, somos seres del presente. Sentimos el presente y disfrutamos de él. También permaneceremos en el presente cuando pensamos en el futuro, y cuando soy plenamente consciente de que estoy abandonando el presente para trasladarme al futuro.

O sea, que siempre vivo en el presente, pero no siempre habito en él. Para habitar en él tengo que permanecer presente, y para esto necesito prestar atención plena. Mi *observador* y mi *pensador*, deben de hallarse sincronizados. Estas afirmaciones pueden sorprender. ¿Acaso existen en mí un observador y un pensador? Esto parece realmente de locos, una persona parece una unidad plena, pensante y sintiente, pero no observante, o al menos no que se sepa. Pues esto no es exactamente así.

Todo ser humano posee una cognición (pensamiento) y una metacognición (metapensamiento). Es decir, toda persona presenta la capacidad de pensar, pero también de pensar sobre lo que está pensando, de esa manera, podría ser capaz de pensar y a la vez observar lo que piensa como si un observador externo juzgara por sí mismo. Se trata de una especie de desdoblamiento de la mente en el que una misma persona pudiera observar una suerte de película mental de sus propios pensamientos, y así tener la facultad de decidir si quiere cambiarlos, lo cual supone un avance considerable para la especie humana.

De esta manera tenemos ocasión de ser los dueños absolutos del contenido de nuestra consciencia, aunque esto en realidad no sea tan fácil, porque frecuentemente parece que los pensamientos tuvieran vida propia y aparecen en la mente sin ser convocados. Sería el caso de los pensamientos deprimentes o ansiosos, que no podemos reprimir, parece como si tuvieran vida propia y acudieran al festín de la depresión sin ser requeridos por la persona que los sufre. Por ello es tan importante tomar consciencia de esta capacidad de observar la propia vida mental, realmente en ello nos va la calidad de vida.

Adquirir habilidades de atención plena y de metacognición sería fundamental para la higiene mental. Gracias a ellas aprenderíamos a observar con atención plena el contenido y funcionamiento de la consciencia y así podríamos adquirir nuevas capacidades de aceptación de lo que es, evitando así un segundo sufrimiento por lo que acontece. El primer sufrimiento sería el suceso en sí mismo, y el segundo sería causado por la propia resistencia a la adversidad. Resistirse a la vida, a lo intangible, por duro que sea, siempre es una mala actitud que no puede llevarnos más que a la depresión.

Estas habilidades metacognitivas pueden enriquecer nuestra vida de manera insospechada, aportándonos grandes beneficios. Los caminos que en este libro se proponen son la meditación, el bienestar, el crecimiento personal y el estado de flujo. El tema que nos ocupa en este capítulo sería adquirir la habilidad de saber si nos encontramos en ese estado de flujo, para así poder repetir la ejecución que nos ha llevado hasta dicho estado de forma frecuente. Como venimos diciendo, lo primero y más importante sería permanecer presente en cada momento de la realización de la habilidad realizada. De esta manera podríamos pasar a evaluar posteriormente lo sucedido.

Es muy importante señalar, que la autoevaluación que nos podamos hacer sobre la calidad de la experiencia conseguida, debe de hacerse siempre una vez concluida la actividad, si en el momento de la actividad nos hiciéramos tales preguntas, inmediatamente saldríamos del estado de flujo. Este estado de flujo o experiencia óptima se caracteriza por la ejecución concentrada de la tarea, sin actividades mentales distractoras de ningún tipo. Tan solo una vez realizada la tarea, nos podremos interrogar sobre la misma ampliamente, aunque en la práctica fugazmente durante la experiencia nos preguntemos sobre cómo lo estamos haciendo. Con la evaluación posterior a la actividad podremos darnos un *feedback* necesario que nos lleve a corregir errores sobre la propia tarea y también sobre el nivel de consciencia alcanzado o el disfrute obtenido en el momento.

Para comenzar a efectuar esta autoevaluación sobre la calidad de la experiencia alcanzada durante la realización de la actividad en cuestión, hemos elegido en primer lugar las preguntas formuladas por Csikszentmihalyi ya en 1975. La elección se debe a que son preguntas elaboradas tras el examen de miles de personas interrogadas sobre sus propias experiencias óptimas; además, son muy fáciles de entender y de responder. Por tanto, la practicidad, claridad y la sencillez, son cualidades inherentes a este pequeño formulario, lo cual no resta un ápice a su valor intrínseco como cuestionario; es decir, mide muy bien aquello que quiere medir.

Lo mejor es ir viendo las preguntas con cierto detalle. Para ello es deseable que intentemos siempre pensar concentradamente en cada una de las cuestiones que se vayan planteando. Las preguntas nos las debemos formular pensando en distintas actividades:

1. Pensar en una actividad que te produce mucho disfrute.
2. Pensar en una actividad familiar.
3. Pensar en ver la televisión.
4. Pensar en leer un libro.
5. Pensar en oír música.
6. Pensar en una actividad laboral.
7. Pensar en una actividad académica.
8. Pensar en estar en contacto con la naturaleza
9. Pensar en una actividad social.
10. Pensar en una actividad deportiva.

11. Pensar en una actividad espiritual.
12. Pensar en una actividad intelectual.
13. Pensar en una actividad artística.

El objetivo es reflexionar sobre distintas actividades en diferentes lugares. Consiste en tomar consciencia del disfrute que presentamos en las diversas áreas de nuestra vida, para que así podamos decidir mejor qué actividades hacer en aras de aumentar el flujo en nuestras vidas. Además, también aprenderemos cuál es el estado de consciencia en el que nos sumergimos cuando realizamos la actividad por la que se nos pregunta.

Esta toma de consciencia puede ser de gran utilidad para ayudarnos a conocer mejor cómo debemos alcanzar la habilidad necesaria para fluir; es decir, nos puede ayudar a conocer qué es aquello que debemos hacer para conseguir poner la mente a punto para llegar al estado de flujo.

Tras realizar esta especie de evaluación general sobre nuestras distintas actividades de flujo, podemos someternos a examen cada vez que realicemos alguna de estas actividades. Para ello debemos de ir respondiendo a cada una de las cuestiones que más adelante exponemos. De esta manera, al contestar el cuestionario tras la realización de las citadas tareas, el recuerdo de la experiencia estará fresco, por lo que nos resultará mucho más sencillo responder. Aademás, el resultado será mucho más fiable, ya que el margen de error será menor al disminuir el tiempo entre la vivencia y la respuesta.

Por tanto, para saber cómo es la calidad de nuestra experiencia y conocer aquellas actividades que más flujo nos producen, lo primero que debemos hacer es realizar una evaluación general de todas las actividades que citamos anteriormente. Para ello utilizaremos las preguntas que presentamos a continuación. Tras esta evaluación tendremos más claras cuáles son las actividades que mayor flujo nos producen. Después aconsejamos que cada vez que creamos haber tenido una experiencia de flujo, sometamos nuestra experiencia a los cuestionarios que a continuación presentamos. El objetivo de todo ello es que tengamos claro cuáles son nuestras mejores actividades de flujo, con lo que podremos buscar repetir la experiencia cuantas más veces mejor. Así incrementaremos el flujo en nuestra vida cotidiana y por ello, nuestra felicidad media aumentará.

Cuestionarios de evaluación de flujo

CUESTIONARIO 1

A continuación vamos a proceder a presentar el siguiente cuestionario para conocer tu propio estado de flujo. Para ello utilizaremos una versión personal del cuestionario de Csikszentmihalyi (1975), adaptado por cortesía de Antonella Delle Fave (2014) para nuestro grupo:

CUESTIONARIO

■ Lee, por favor, las siguientes frases:

«Mi mente no se dispersa, estoy implicado/a totalmente en lo que estoy haciendo y no pienso en nada más. Me siento bien físicamente... la realidad exterior no me afecta. Estoy menos preocupado/a de mí y de mis problemas».

«Mi concentración se va como la respiración... No me preocupo de ello... Una vez que he empezado, el resto del mundo es excluido de mi pensamiento».

«Estoy tan implicado/a en lo que estoy haciendo... que me siento completamente unido a lo que hago».

■ Contesta si te has sentido así alguna vez al realizar alguna de las actividades descritas anteriormente:

SÍ / NO

En caso de respuesta afirmativa, ¿cuál o cuáles actividades estabas realizando cuando has tenido este tipo de experiencia?

_____

■ Ahora reflexiona sobre cuál de ellas es la que más intensamente te hace revivir las experiencias descritas en las frases anteriores y cítala a continuación:

_____

_____

_____

_____

Esta parte del cuestionario que has completado es muy importante, porque permite reflexionar sobre el tipo de actividad que más flujo te produce, lo cual te va a orientar en la elección de tus actividades en tu vida cotidiana.

Y finalmente el cuestionario presenta una serie de preguntas sobre cuáles son tus sentimientos durante la ejecución de la tarea elegida.

■ Por favor, ahora describe cómo te sientes mientras desarrollas la actividad indicada (si una sola), o las actividades seleccionadas (si has señalado más de una), marcando en cada escala la leyenda que mejor se corresponda con tu experiencia:

✓ Estoy concentrado/a

☐ muy poco ☐ poco ☐ bastante ☐ mucho ☐ muchísimo

✓ Creo que lo estoy haciendo bien

☐ muy poco ☐ poco ☐ bastante ☐ mucho ☐ muchísimo

✓ Siento que esta actividad me encanta

☐ muy poco ☐ poco ☐ bastante ☐ mucho ☐ muchísimo

✓ Disfruto

☐ muy poco ☐ poco ☐ bastante ☐ mucho ☐ muchísimo

✓ El tiempo pasa sin enterarme

☐ muy poco ☐ poco ☐ bastante ☐ mucho ☐ muchísimo

✓ Siento alegría

☐ muy poco ☐ poco ☐ bastante ☐ mucho ☐ muchísimo

✓ Sé claramente cómo realizar la actividad

☐ muy poco ☐ poco ☐ bastante ☐ mucho ☐ muchísimo

✓ La actividad es un reto para mí

  ☐ muy poco   ☐ poco   ☐ bastante   ☐ mucho   ☐ muchísimo

✓ Me siento capaz de realizar la actividad con éxito.

  ☐ muy poco   ☐ poco   ☐ bastante   ☐ mucho   ☐ muchísimo

Corrección

La primera parte del cuestionario comprende unas explicaciones que te servirán como guía recordatoria de lo que es tener una experiencia de flujo. Así, al comparar estas vivencias descritas con las tuyas propias, podrás saber si lo que has llegado a sentir puede ser o no una experiencia de flujo. En la segunda parte se te pregunta sobre cuáles son la actividad o actividades de tu elección. En la tercera, como ya explicábamos, te interrogaba sobre tus sentimientos al ejecutar la actividad o actividades de tu elección.

Ahora deberás valorar cada una de tus respuestas de esta tercera parte siguiendo la siguiente escala:

Muy poco = 1
Poco = 2
Bastante = 3
Mucho = 4
Muchísimo = 5

Finalmente, suma tus respuestas. Cuanto más alta sea la puntuación obtenida mayor será tu nivel de flujo alcanzado. De esta manera te podrás orientar sobre cada experiencia que tengas al ejecutar la actividad elegida.

Una vez realizado y valorado el anterior cuestionario, tendrás bastante más claro cuándo consigues fluir y cuál o cuáles son las actividades que más flujo te producen al realizarlas. Gracias a la reflexión profunda y examen individual, estarás en mucha mejor predisposición de saber qué debes hacer para disfrutar. De todas formas, con el tiempo los gustos van cambiando, y el disfrute se vuelve muy volátil. El flujo se encuentra influido por muchas circunstancias, como pueden ser sobre todo nuestra habilidad o el nivel de reto; por ello, según vayamos practicando diferentes actividades, el disfrute se podría volver cambiante. Por todo esto a continuación presentamos un segundo cuestionario, con el objetivo de que tras la ejecución de tus actividades habituales te lo apliques y así puedas ir conociendo con cierta exactitud, cuál es el grado de flujo que experimentas al realizar ciertas tareas. Te aconsejamos que realices con asiduidad esta especie de evaluación continua por las ventajas que ello te va a reportar sobre la experiencia.

CUESTIONARIO 2

A continuación te presentamos otro cuestionario que sirve también para medir la experiencia de flujo. La idea es que tengas más de uno para poder elegir aquel que en cada momento se adapte mejor a tus preferencias.

CUESTIONARIO*

■ Piensa en la actividad que acabas de realizar. Ahora continúa pensando en ella para responder a las siguientes preguntas. Nos referiremos a ella como «mi actividad favorita». Para contestar deberás rodear con un círculo el número que más se ajuste a tu realidad; para hacerlo debes tener presente la siguiente escala:

0. Nada/Nunca.
1. Difícilmente / Un par de veces al año.
2. Rara vez / Una vez al mes.
3. Algunas veces / Un par de veces al mes.
4. Bastante / Una vez a la semana.
5. Frecuentemente / Un par de veces a la semana.
6. Siempre / Todos los días.

---

* El citado cuestionario es una versión de nuestro grupo (Fernández Marín, Morales, Pérez Nieto, Martín Javato y González Ordi, 2011), realizada sobre el original de Rodríguez, Schaufeli, Salanova y Cifre (2008). Es también un test muy potente, sencillo y práctico con el que te familiarizarás enseguida.

1. Me gusta realizar «mi actividad favorita».	0 1 2 3 4 5 6
2. Disfruto cuando hago «mi actividad favorita».	0 1 2 3 4 5 6
3. Me gusta realizar esta actividad más que a otras personas.	0 1 2 3 4 5 6
4. Cuando estoy realizando «mi actividad favorita», me olvido de todo lo que me rodea.	0 1 2 3 4 5 6
5. El tiempo vuela cuando estoy realizando «mi actividad favorita».	0 1 2 3 4 5 6
6. Me dejo llevar por la emoción cuando realizo «mi actividad favorita».	0 1 2 3 4 5 6
7. Estoy absorto/a cuando realizo «mi actividad favorita».	0 1 2 3 4 5 6
8. Cuando realizo «mi actividad favorita», no pienso en nada más.	0 1 2 3 4 5 6
9. Realizo «mi actividad favorita» porque me gusta, no porque tenga que hacerlo.	0 1 2 3 4 5 6
10. Me gusta pasar parte de mi tiempo libre realizando «mi actividad favorita».	0 1 2 3 4 5 6
11. Realizar mi actividad favorita es motivante por sí mismo.	0 1 2 3 4 5 6

Corrección

Este cuestionario es muy sencillo de corregir, tan solo tienes que sumar todas las respuestas. Cuanto mayor sea la puntuación alcanzada, mayor será tu nivel de flujo.

Tras responder a estos cuestionarios, seguro que tienes mucho más claro cuál es la actividad que más flujo te ocasiona y cómo te sientes cuando te encuentras disfrutando de la experiencia. Gracias a estos descubrimientos, podrás mejorar tu calidad de la experiencia en el futuro, pudiendo elegir las tareas que más placer te ocasionan o incluso y cómo sería deseable, realizando las actividades de manera tal que hasta las tareas menos deseables se pudieran llegar a convertir en actividades de flujo. Es esta última habilidad quizá la más importante de todas, porque no siempre tenemos la ocasión de realizar tareas que nos agraden, sobre todo si se trata de actividades académicas o laborales; estas, por desgracia, la mayoría de las veces se nos antojan duras y antipáticas. Por ello aprender a tornar las actividades aburridas o complicadas en actividades de flujo, es una capacidad que bien podría cambiarnos la vida.

De cualquier forma, cuestionarios sobre flujo en la actualidad hay bastantes, por lo que siempre podremos elegir entre unos u otros. Los dos presentados aquí son tan buenos como el que más, pero la cuestión será si te resultan cómodos.

CUESTIONARIO 3

Para que tengas mayor opción a elegir, a continuación vamos a presentarte un cuestionario clásico elaborado por Csikszentmihalyi, Larson y Prescott (1977). En concreto, te ofreceremos una versión nuestra sobre la versión revisada para nosotros, por cortesía de Antonella Delle Fave en 2014. Este es quizá el cuestionario más famoso y más utilizado para medir el flujo a lo largo de la historia de la psicología y ha sido aplicado a miles de personas.

Se trata de un cuestionario sencillo y fácil de entender, pero, frente a los otros tiene, una peculiaridad y es que debe ser respondido en el momento en el que suene un avisador. El ejercicio sería el siguiente: deberás llevar durante todo el día algún instrumento electrónico que tenga una alarma, la cual se debe programar de manera tal que sonará al azar entre 2 y 4 veces durante el día; en ese momento cesarás la actividad que estés realizando para proceder a rellenar el cuestionario que a continuación te presentamos. Deberás concentrarte en cada una de las preguntas y contestarlas con la mayor exactitud de la que seas capaz. Una vez completado el cuestionario, podrás continuar realizando aquella actividad que interrumpiste cuando sonó el avisador, o bien si lo deseas podrás cambiar de tarea, esto ya no va a influir en el resultado del estudio.

Este método de medida presenta muchas ventajas, aunque si bien es cierto, presenta también algunos pequeños inconvenientes. La ventaja es que el margen de error al contestar es más pequeño, porque no está sujeto al arbitrio de la memoria, la cual pueda fallar al demorar la respuesta hasta el momento de contestar al cuestionario, por lo que correrías el riesgo de no contestar con exactitud las cuestiones sobre las que se te pregunta. Con este método, contestas en el acto y esto da una garantía de seguridad muy alta, alejando los márgenes de error.

Además de las ventajas de la exactitud de las respuestas, presenta otra gran ventaja, y esta es que de esta manera se podrá evaluar cualquier tipo de actividad que estés desarrollando en el momento del aviso, por lo que la evaluación se extenderá a todas tus actividades diarias, no solo a las placenteras, dando así margen para efectuar un estudio más exhaustivo de la calidad de tu experiencia, analizando de forma pormenorizada todas las actividades ejecutadas por ti durante el día. El inconveniente, como fácilmente se puede deducir, es el tener que estar pendiente de una alarma durante todo el día y teniendo que rellenar cada vez el cuestionario, lo cual puede resultar cansado y tedioso. Por ello, hemos querido ofrecer más tipos de cuestionarios para que así seas tú mismo el que puedas elegir cuál te va a resultar más fácil de desarrollar, ajustándonos así a las peculiaridades de la vida de cada uno.

CUESTIONARIO

«MÉTODO DE MUESTREO DE EXPERIENCIAS»

Fecha ———— Hora de la llamada ———— Hora de la cumplimentación ————

CUANDO TE HAN LLAMADO:
¿En qué estabas pensando?————————————————
¿Dónde estabas?————————————————————————
¿Cuál era la actividad principal que estabas haciendo? ——————— ————————————————————————————————— ——————————————————————————————————
¿Por qué hacías esto? (*puedes marcar más de una respuesta*) - Porque lo querías hacer ☐   Porque lo debías hacer ☐ - Porque no había otra cosa que hacer ☐
¿Qué otras cosas estabas haciendo?————————————————

	En absoluto	Poquísimo	Poco	Bastante	Mucho	Muchísimo	Al máximo
¿Estabas concentrado?							
¿Te sentías bien contigo mismo?							
¿Te estabas autoobservando?							
¿Sentiste control sobre la situación?							
¿Cumplía tus expectativas?							
¿Cumplías expectativas ajenas?							

DESCRIBE CÓMO TE SENTISTE EN EL MOMENTO DE LA LLAMADA

	En absoluto	Poquísimo	Poco	Bastante	Mucho	Muchísimo	Al máximo
Alerta							
Feliz							
Tranquilo							
Fuerte							
Alegre							
Sociable							
Despierto							
Activo							
Implicado							
Contento							
Excitado							
Libre							
Descansado							
Dispuesto							
Creativo							
Libre							
Relajado							
Encerrado en mí mismo							
Con las ideas claras							
Entretenido							

	En absoluto	Poquísimo	Poco	Bastante	Mucho	Muchísimo	Al máximo
¿La actividad que estabas haciendo era importante para ti?							
¿La actividad representaba un reto para ti?							
¿Tenías éxito en lo que hacías?							
¿Estabas satisfecho con cómo lo hacías?							
¿La actividad era importante para otras personas?							
¿La actividad era importante en relación con tus metas generales?							

CUANDO TE HAN LLAMADO:

- ¿Con quién estabas?

- ¿Habrías querido estar con alguna otra persona?

En absoluto	Poquísimo	Poco	Bastante	Mucho	Muchísimo	Al máximo

- ¿Con quién?

- ¿Habrías querido estar haciendo alguna otra cosa?

En absoluto	Poquísimo	Poco	Bastante	Mucho	Muchísimo	Al máximo

■ ¿El qué?

_____

■ El tiempo estaba pasando: ☐ lento   ☐ como siempre   ☐ rápido

■ ¿Te sentiste satisfecho contigo mismo?

En absoluto	Poquísimo	Poco	Bastante	Mucho	Muchísimo	Al máximo

■ ¿Habrías querido estar en otro lugar?

En absoluto	Poquísimo	Poco	Bastante	Mucho	Muchísimo	Al máximo

■ ¿Donde?

_____

■ ¿Tuviste alguna sensación física específica?

En absoluto	Poquísimo	Poco	Bastante	Mucho	Muchísimo	Al máximo

■ ¿Cuál/cuáles?

_____

■ Era una sensación: ☐ agradable   ☐ desagradable

PIENSA DE NUEVO EN EL TIEMPO QUE HA TRANSCURRIDO ENTRE ESTA LLAMADA Y LA ANTERIOR:

■ ¿Ha sucedido o ha hecho algo que haya influido en tu estado de ánimo actual?: ☐ SÍ   ☐ NO

¿El qué?

_____

Era un hecho: ☐ positivo   ☐ negativo

La importancia de la autoevaluación

Una vez revisados estos tres cuestionarios, te encontrarás en mucha mejor disposición para valorar tus experiencias y actividades de flujo. Pero quizá tras la lectura atenta sobre esta pequeña evaluación de tus experiencias óptimas, pienses que este examen puede resultar fatigoso o aburrido y que probablemente no merezca la pena realizarlo. Si esto es así, quizá es que no hemos explicado bien la conveniencia de conocer de forma pormenorizada tus experiencias y actividades de flujo, o peor aún, pueda ser que todavía no estés convencido de la importancia que tiene el alcanzar el flujo en tu vida. Esto último sería la peor circunstancia de todas.

Alcanzar el flujo supone una experiencia sin igual en la vida de una persona. Mientras se fluye, el tiempo para y nuestra consciencia se encuentra concentrada, en perfecto equilibrio, alejada de la temida consciencia desestructurada tan dañina que impide vivir una existencia plena. Una vida con una alta intensidad y frecuencia en flujo asegura una gran calidad de la experiencia y esto una existencia feliz. Nuestra vida ordinaria se convierte en extraordinaria, mantiene a la mente centrada y aleja estados de ánimo alterados, consiguiendo un ajuste emocional básico.

Cuando sabemos atraer flujo a nuestras vidas, nuestra felicidad no se deja al azar de las circunstancias, que tantas veces nos resultan adversas, sino que tenemos un instrumento útil para poder bordear la negatividad y el fatalismo y sumergirnos en las bondades de un yo centrado que guía nuestro camino de forma armónica. No es que el flujo sea la quintaesencia de la vida y nos lleve directos al paraíso, esto tampoco es así. Con facilidad o sin ella para alcanzar el flujo, no vamos a poder alejar la fatalidad de nuestra vida, pero en flujo conseguiremos pensar menos en ello, y disfrutar más de nuestra propia experiencia, ayudándonos así a conseguir un mayor ajuste emocional.

Por todo lo anterior, recomendamos que te tomes en serio la calidad de tu experiencia; el disfrute es necesario en cualquier vida que se quiera vivir de forma plena y feliz; no es cuestión baladí. Fluir nos hará más felices y emocionalmente estables, de lo cual debemos tomar consciencia y no olvidarnos. Dicho esto queremos invitarte a que seas constante en tu decisión de alcanzar experiencias de flujo en tu vida, que no lo dejes al azar —si surge que surja—, sino que nos debemos esforzar para atraer esas agradables experiencias. Esto es como todo en la vida, cuando queremos superarnos a nosotros mismos con algún nuevo aprendizaje debemos ser constantes e invertir inicialmente en esfuerzo, por ello siempre recomendamos a nuestros alumnos o pacientes que dediquen el tiempo necesario en hacerse las anteriores autoevaluaciones que hemos propuesto. No será una inversión a corto o medio plazo de tiempo en vano, sino una inversión de tiempo muy provechosa para el equilibrio y felicidad en tu vida. ¿Puede haber algo más importante?

Puntos clave

¿Cómo saber si estoy en flujo?

Para saber cómo es la calidad de nuestra experiencia y conocer aquellas actividades que más flujo nos producen, lo primero que debemos hacer es realizar una evaluación general de todas las actividades susceptibles de producirnos flujo. Tras esta evaluación tendremos más claras cuáles son las actividades que mayor flujo nos producen. Después aconsejamos que cada vez que creamos haber tenido una experiencia de flujo, sometamos nuestra experiencia a los cuestionarios que se han proporcionado en este capítulo. El objetivo de todo ello es que tengamos claro cuáles son nuestras mejores actividades de flujo y saber cómo fluimos, con lo que podremos buscar repetir la experiencia el mayor número de veces posible; de esa manera incrementaremos el flujo en nuestra vida cotidiana y por ello, nuestra felicidad media aumentará.

a lomos de la actividad deseada, no se espera ningún tipo de resultado ni se huye de un pasado indeseable, tan solo se disfruta con la vivencia del presente. Estas habilidades también serían habilidades de flujo: unidad entre la persona y la acción. Es decir, identificación ego-tarea y vivencia extrema del presente, son dos habilidades que se pueden aprender con la práctica meditativa. Por eso el deportista, el músico, e incluso el estudiante o el trabajador, podría avanzar mucho si practicaran *mindfulness*.

Una observación importante que ya hemos señalado, es que en el flujo no existe el observador, este tan solo aparece de vez en cuando en los momentos de relajación que puntualmente sacuden el flujo. Durante la experiencia de flujo la concentración no es continua, sino que en algún momento esta cesa y la persona se hace consciente de dónde se encuentra, de lo satisfecha que está y del bienestar que siente. Es un momento plácido en el que se reconoce lo bien que uno se lo está pasando y lo acertado y unido que está con la actividad. Por eso durante la experiencia de flujo se puede decir que se alternan los períodos de relajación-concentración. La concentración implica siempre el estado de flujo; fluir conlleva estar bien concentrado y motivado por la tarea.

Como hemos visto, un concepto muy importante en *mindfulness*, que también resulta de gran interés en el tema del flujo, es el constructo al que llamamos *presencia*.

La presencia es un concepto que se difumina al intentar describirlo. No es un concepto teórico, no se presta a definiciones elaboradas, no es fácilmente aprehensible; sin embargo, es tan real como el sol naciente.

Según Vicente Simón (2013), uno de los pioneros en el conocimiento y la práctica del *mindfulness*:
«La presencia que puede expresarse con palabras no es la verdadera presencia».

Queda claro, por tanto, que escribir sobre la presencia no es una tarea fácil, es como definir el aire que nos circunda, es algo muy fácil de entender pero difícil de explicar. Pues la presencia es algo así como la atmósfera, es inmaterial, etérea y volátil, pero real, extremadamente real.

Para el meditador avezado, entender la presencia es una experiencia tan sencilla como para el astronauta comprender el espacio exterior; sin embargo, para la gente no entrenada puede resultar harto complicado. Por ello, grandes maestros de la meditación recurren a la práctica para hacerse entender. Y es que efectivamente la presencia se entiende mejor desde la vivencia. Cerrar los ojos, intentar observar el cuerpo y entender qué se siente al hacerlo es una vivencia más sencilla que lo estéril de las palabras.

Pues bien, la presencia es ese *estado de estar ahí, de ser uno mismo*, es el observador que observa la mente, que lee el contenido de la mente, que atisba las emociones que esta produce y las entiende y las quiere; pero siempre desde el yo atento, haciéndonos conscientes de quiénes somos y dónde estamos. La presencia se ubica en otra atalaya distinta a los pensamientos, a los sentimientos, pero siempre siguiéndolos de cerca. La presencia se *desidentifica* de estos fenómenos mentales, conoce los pensamientos y sentimientos, pero no pertenece a ellos. La presencia es el yo atento a la vida de la consciencia, pero sin participar en ella, observa pasar esta vida sin mayor implicación. Se limita a estar ahí y a ser el Todo.

¿Qué puede aportar el *mindfulness* a la experiencia de flujo?

Para poder entender completamente la gran aportación del *mindfulness* al fenómeno del flujo, antes debemos entender la importancia de la atención-concentración en este tipo de vivencia tan especial. Luego podemos pasar a comprender cómo la mente entrenada en *mindfulness* es una mente más centrada y concentrada, que es justo lo que se requiere como condición *sine quanon* para conseguir alcanzar la anhelada óptima experiencia de flujo.

La atención-concentración es al flujo lo que el oxígeno a los pulmones, su naturaleza intrínseca. La atención por sí misma constituye un recurso valiosísimo del sistema de conciencia, sin ella no podremos procesar ningún tipo de información por importante que esta sea. Tanto es así que Csikszentmihaly califica a la atención como energía psíquica. El requisito fundamental para procesar la información y actuar según convenga será, en principio, atender, hacernos conscientes de lo que está pasando. Si no atendemos, no podremos seleccionar y procesar la información, es como si lo que sucede no existiera.

Algunos autores afirman que nuestro cerebro, si fuera necesario, estaría preparado para procesar lo que sería el equivalente a 400.000 bytes de información en cada instante. Pero manejar esta ingente cantidad de información sería totalmente disfuncional, por lo que solo somos conscientes de unos dos mil bytes; sin embargo, manejar adecuadamente estos 2000 bytes y saber operar en el medio con ellos tiene una trascendencia vital para el ser humano.

Encontramos importantes diferencias individuales a la hora de estar atentos, pues este es un recurso que no todas las personas tienen igualmente desarrollado. Algunas lo utilizan de forma eficiente, por lo que obtendrán grandes ventajas, como, por ejemplo, fluir; pero otras desperdiciarán estas oportunidades de atender, por lo que encontrarán muchas dificultades a la hora de abordar cualquier tarea de la índole que sea, sobre todo si se trata de tareas intelectuales. Aquella persona que no sea capaz de atender a la información de su alrededor, desperdiciará grandes ventajas en la interacción con su medio y frecuentemente fracasará.

> La señal de que una persona controla la conciencia es que tiene la habilidad de centrar su atención a voluntad, que puede evitar las distracciones y concentrarse tanto tiempo como lo necesite para alcanzar su objetivo, y no más. Y la persona que puede hacer esto normalmente disfruta con el curso normal de su vida cotidiana.
>
> (Csikszentmihalyi, 2009)

Este mismo autor, como ya hemos dicho, entendía la atención como una especie de energía psíquica a nuestra disposición, y en realidad el símil parece muy acertado. La atención constituye la capacidad por la que nos hacemos conscientes de lo que sucede a nuestro alrededor, e incluso de aquello que sucede en nuestro interior. Esta capacidad nos mueve, enfoca nuestros objetivos. Cuanta más *energía* de ese tipo consigamos, mejor podremos concentrarnos y, por ende, seremos más capaces de poner toda nuestra maquinaria mental en funcionamiento. Pero si esa energía se disipa, nuestra mente se dispersa, nos evaporamos en lo etéreo, la neblina lo ocupa todo y nada podemos construir. Por ello la atención es el timón de nuestra existencia, la esencia de nuestra concentración y el motor de la acción. Existe lo que atendemos, el resto se desvanece ante nuestros sentidos. Si permanecemos atentos crecemos, la atención nos lleva hasta nuestras metas, nos hace concentrarnos, nos permite asistir a nuestra vida interior, nos hace fluir, nos hace humanos.

Una vez que ya hemos entendido lo que es el *mindfulness* y el flujo, estaremos perfectamente preparados para entender cómo ambas experiencias se conjugan perfectamente. Si encontramos dificultades para fluir sin ningún tipo de entrenamiento, deberemos persistir en buscar actividades apropiadas, y si, aun habiéndolas encontrado, no somos capaces de alcanzar el estado de flujo, ahí es cuando muy probablemente nos pueda ayudar practicar *mindfulness*. A estas alturas se entenderá perfectamente por qué el estado de atención-concentración y de presencia que requiere la práctica de *mindfulness* es el mismo que se requiere para fluir. El planteamiento es igual en las dos experiencias: salir del modo de piloto automático y posicionarse en el estado de presencia activa, vivenciar el ahora, centrarnos en el momento, atender a la actividad que estemos realizando hasta fundirnos con ella, saboreando cada instante de su ejecución.

La práctica de la meditación puede ser un entrenamiento de gran ayuda para conseguir fluir incluso con las actividades de la vida cotidiana. El trabajar ese estado especial de consciencia en el que esta se alimenta del presente nos facilitará una vida de calidad en la que estaremos plenamente presentes, por lo que seremos más felices y creativos.

Principales conceptos de *mindfulness*

A continuación vamos a hacer una breve presentación de algunos de los conceptos y técnicas más importantes del *mindfulness* y desde su comprensión pasaremos a relacionarlos con el tema que nos ocupa en este libro: el flujo.

Como venimos diciendo, el fenómeno del flujo puede y debe hundir sus raíces en las técnicas de *mindfulness*. El practicante que experimenta la vivencia del flujo se mantiene completamente presente mientras realiza su actividad deseada, y todo ello desde la atención plena, tal y como suscribe como suyo el *mindfulness*. Por ello, si ahora aprendemos unas técnicas de la citada disciplina y las unimos al fenómeno de las experiencias óptimas, estaremos sacando a la luz una pareja de hecho (flujo-*mindfulness*), pero que hasta ahora no se ha reconocido como tal. Además, con la práctica del flujo desde el campo del *mindfulness*, vamos a mejorar sin duda nuestras experiencias de flujo. Para ello, tendremos que practicar los ejercicios que se proponen en este manual. La práctica es el requisito imprescindible que necesitamos para mejorar; no solo es hacer la comida siguiendo la receta, sino que tendremos que probar sus platos.

Por otro lado, el *mindfulness* que es lo opuesto a la inatención, nos va a ayudar a superar algunas dificultades que se nos puedan presentar a la hora de practicar. A continuación veremos estos extremos con más detalle.

Descentramiento

El descentramiento es una actitud mental, una manera de relacionarnos con pensamientos, sentimientos y sensaciones corporales, que puede efectuarse de distintas formas.

El descentramiento puede suponer un *apartarse de*, que no sería la actitud adecuada, pues siendo una actitud escapista supondría una huída de aquello que nos causa temor o malestar. A veces lo correcto es precisamente lo contrario: el afrontamiento de los problemas y las dificultades. Pero, acertada o no, esta actitud supone un modo de descentramiento. Sin embargo, desde el abordaje del *mindfulness*, el descentramiento se entiende como un *movimiento de apertura*, un gesto de dar la bienvenida a aquello que quiera que pase en nuestra vida, es un hacer espacio, una actitud amable de aceptación y de no rechazo.

A menudo luchamos con todas nuestras fuerzas para suprimir pensamientos o sensaciones que nos incomodan y generalmente el resultado de oponernos a ciertos pensamientos negativos es generar más pensamientos negativos, fatigarnos y deprimirnos. La opción de dejar que llegue el pensamiento, observarlo con tranquilidad y hacerle espacio, es un movimiento a menudo más sabio, el pensamiento irracional al tiempo se calma y se va disipando.

Frecuentemente, antes de abordar distintas tareas, sobre todo si son complejas, aunque nos gusten, notamos diversas sensaciones de temor, desánimo o angustia, son irracionales y no suelen obedecer a ninguna causa que las justifique. Esto lo causan los pensamientos catastrofistas que tenemos sobre el tema. A menudo luchamos contra estos «intrusos mentales» intentando sacarlos de la cabeza con todas nuestras fuerzas, pero la mayoría de las veces perdemos esta batalla. El pensamiento se posa en nuestro cerebro generando un fluir negativo y rumiamos sin parar aquello que nos preocupa. Por ello, antes de acometer aquella actividad que por la causa que sea nos está generando temor, debemos de practicar la actitud del descentramiento, aceptando los pensamientos con elegancia y sin oposición. Sin embargo, debemos tener claro que el problema es irracional realmente antes de practicar la aceptación y descentrarnos del problema que nos preocupa. Si el problema fuera real y resoluble debemos de buscar la solución más adecuada.

Para conseguir dejar espacio al pensamiento o sensación negativa que nos ocupa, podemos practicar la respiración. Quizá desde la plataforma de la respiración consigamos realizar el movimiento de aceptación plena con mayor facilidad. Es fatigoso observar sin implicación y desde la distancia aquello que nos perturba o irrita. Por ello, puede ser bueno, sobre todo al principio de la práctica, hacerlo usando una técnica sencilla y útil.

Ejercicio 20. Cambiar pensamientos molestos

Una técnica útil para distanciarnos o descentrarnos de los pensamientos molestos sería la siguiente:

■ Sentados en un lugar confortable y silencioso, realizamos tres respiraciones profundas. Tras respirar tranquilamente procuramos relajarnos y observar qué pensamientos revolotean por nuestra mente, les hacemos sitio, los aceptamos sin juzgarlos. Respiramos de nuevo, observamos otra vez los pensamientos y procuramos encontrarnos cómodos ante su parloteo. Me repito que el pensamiento no es la realidad, sino tan solo un proceso de mi mente. Respiro de nuevo tres veces y salgo de este estado especial de consciencia con la renovadora sensación de aceptación incondicional de lo que es.

Los modos de la mente

Se podría decir que la mente emplea dos modos mentales de funcionamiento para relacionarse con el mundo: *modo hacer* y *modo ser*. Habitualmente estamos acostumbrados al *modo hacer*, que es la forma más operativa de funcionar por el mundo, y más favorecido por nuestra cultura. Pero también existe el *modo ser,* que constituye otro modo mental más, y que es por excelencia el modo que utilizamos al practicar técnicas de *mindfulness*, el modo mental a través del cual alcanzamos la consciencia plena, actitud fundamental en el *mindfulness* que más tarde se explicará. Estos modos mentales se podrían comparar con las marchas de un coche. Podremos elegir uno u otro según convenga en el momento, pero jamás podremos utilizar los dos a la vez. De manera que el aprendizaje en consciencia plena consistiría básicamente en ir desarrollando habilidades para poder cambiar de modo a voluntad según las exigencias de la vida.

Esta habilidad para cambiar de modo de funcionamiento mental nos será muy útil para potenciar el estado de flujo, tal y como explicaremos más adelante.

Modo hacer

Este modo mental, en el que nos encontramos de ordinario, es un modo principalmente orientado a la acción y para ello compara continuamente lo que tenemos con lo que nos gustaría tener, e intenta acercarnos a nuestros ideales. Exhibe una forma de funcionar muy pobre, nos mantiene en el presente y rastrea continuamente el mismo, se centra en buscar sin cesar la satisfacción y el éxito. Esto explicado así parece todo un logro de la *ingeniería humana*, enfocarnos en buscar el éxito se nos puede antojar fantástico, así crece el ser humano y triunfa. Sin embargo, cuando entendamos el funcionamiento del modo ser, veremos cómo la realidad de la mente es mucho más compleja y rica. Se puede decir que el modo hacer es sumamente eficaz para resolver problemas externos, problemas del mundo que nos rodea, donde se nos exige un esfuerzo y una dedicación. Pero si lo que queremos es sentirnos felices y satisfechos, aquí es donde este modo mental puede encontrar dificultades. Cuando la mente se mueve en este modo, continuamente compara ideas:

- Dónde estoy.
- Dónde quiero estar.
- Dónde no estoy.
- Dónde no quiero estar.

Comparando distintos estados siempre voy a saber dónde estoy, dónde no estoy y dónde quisiera estar, y de esta manera caminar hacia el objetivo. Es un movimiento continuo siempre orientado hacia una meta. Este movimiento de búsqueda de lo positivo constituye el modo hacer.

Este proceso mental presenta algunas características intrínsecas a su forma de funcionar. Suele ser un proceso automático que se centra en el objetivo, que sabe lo que quiere y lo que no, que necesita una distancia entre lo que se tiene y lo que falta, y que asume que las ideas son reales.

Como explicábamos, esta forma de proceder es válida para solucionar problemas, porque nos mantiene siempre orientados en el objetivo, desechando los movimientos inútiles. Pero el gran fallo del modo de acción o hacer, lo encontramos cuando las metas no son externas, sino internas. Cuando nos mantenemos rumiando pensamientos negativos sin cesar que ocupan nuestra mente sin piedad, o cuando las cosas tienen poca solución, lo peor que podemos hacer es comparar las ideas; es decir, pensar en dónde estamos y en dónde quisiéramos estar. Esta comparación continua nos va a desanimar, frustrar, angustiar y obsesionar, y por mucho que pensemos en el problema lo único que vamos a conseguir es agravar más nuestra penosa situación, recordándola sin cesar en un triste bucle sin fin. Para salir de estas situaciones hay que cambiar de marcha, para eso nuestra mente tiene esa habilidad: pasar al modo ser.

El poder utilizar dos marchas mentales es lo que resulta realmente extraordinario. Más que los modos en sí, lo maravilloso es el hecho de poder cambiar de un modo a otro a voluntad; pero para ello tenemos que conocerlos bien y adquirir esa capacidad. Antes de explicar la habilidad fundamental del cambio de marchas vamos a realizar unos ejercicios y tras ello, exponer el modo ser.

Ejercicio 21. Etiquetado

Hemos de observar y darnos cuenta de qué estamos experimentando cuando tenemos una emoción; es decir, ponerle nombre, lo que se llama *etiquetado*: esto es una sensación física, esto es un pensamiento, esto es un impulso.

La emoción es un estado complejo del organismo cuando detectamos un acontecimiento externo o interno que nos altera, de forma agradable o desagradable, y nos predispone a responder de la forma más adecuada posible a la

(Continuación del ejercicio)

situación. Se acompaña de activación fisiológica y pensamientos. Todo ello no suele ser consciente a menos que les prestemos atención.

Por ello, todo cambio emocional pasa por darnos cuenta de qué estamos experimentando. A ello nos ayuda la atención plena, con la que observamos con los cinco sentidos en el presente, sin hacer juicios de valor.

Las emociones primarias son el miedo, la ira, la tristeza, la alegría, el asco y la sorpresa. Pueden mezclarse entre sí, y cada una de ellas tiene a su vez toda una familia de emociones secundarias.

ETIQUETADO

✓ Primero intenta identificar tu emoción: miedo, ira, tristeza, alegría, asco y sorpresa.

✓ A continuación observa y describe los tres componentes de tu emoción. Te facilitamos algunos ejemplos.

1. Sensaciones corporales

Si estás asustado o ansioso, es posible que notes que se te acelera el pulso, se te hace un nudo en el estómago, se te tensan los músculos. Si estás furiosa, quizá notes calor en la cara y aprietes la mandíbula o contraigas el cuello. La tristeza puede conllevar sensaciones de abatimiento o pesadez, encoger la espalda, mientras que la felicidad puede hacerte sentir ligera y llena de energía. Algunas sensaciones son comunes a más de una emoción.

La forma de respirar también varía con las emociones. Observa si es superficial, se queda bloqueada en la garganta, pecho... si es rápida o arrítmica...

2. Pensamientos

Los pensamientos suelen adoptar la forma de frases. Si tienes miedo puedes tener pensamientos del tipo: «Tengo que salir de aquí», «Esto va a ser un desastre», «¿Y si sucede algo horrible?». Si fuera arrepentimiento lo que sintieras, quizá pensarías: «Ojalá hubiera, o no hubiera...», «Si al menos...». La furia suele conllevar pensamientos como «Esto no es justo», «Odio esto», «¿Cómo ha podido él...?

Muchas personas tienen imágenes o películas mentales mientras sienten una emoción. Pueden ser nítidas o borrosas, tener un componente solo visual (forma, color...) o incluir sonidos o incluso olores.

(Continuación del ejercicio)

3. Impulsos

Los impulsos o tendencias de acción son deseos de comportarte de determinada manera. A veces actuamos movidos por tales impulsos, y esto es la conducta inducida por las emociones; y en otras ocasiones, nos reprimimos. La mayoría de las emociones acarrean impulsos de hacer cosas concretas. Si la ansiedad te come, posiblemente sientas el impulso de huir de la situación, fumar o darte un atracón de comida. Si te sientes deprimido, quizá tengas el impulso de quedarte en la cama todo el día, tomarte una copa para animarte. Si estás furioso, quizá tengas deseos de gritar, decir palabrotas o dar portazos. Si estás contento, puedes dejarte llevar por el impulso de abrazar, reír o dar palmadas.

Ejercicio 22. Aprendiendo a cuestionar pensamientos negativos

A continuación te proponemos un ejercicio para que puedas registrar tus pensamientos negativos y el contexto donde se producen y posteriormente cambiarlos. Se trata de rebatir y cuestionar las ideas irracionales y sustituirlas por pensamientos más sanos y adaptativos. De esta forma podrás aprender a reestructurar tu mente. Tras su lectura te darás cuenta de que es un ejercicio que sirve como claro ejemplo del modo hacer, pues describe, dónde estamos, y lo que tenemos que hacer para llegar adonde queremos estar.

APRENDIENDO A CUESTIONAR
NUESTROS PENSAMIENTOS NEGATIVOS

■ SITUACIÓN

_____

_____

_____

_____

(*Continuación del ejercicio*)

■ PENSAMIENTO NEGATIVO

_____
_____
_____
_____

■ SENTIMIENTO

_____
_____
_____
_____

■ REBATIR PENSAMIENTOS IRRACIONALES

_____
_____
_____
_____

■ RESPUESTAS RACIONALES

_____
_____
_____
_____

Este es un ejercicio claro del modo hacer de la mente. Se plantea el pensamiento que se está teniendo y la forma de cambiarlo. Es una técnica útil para los momentos en los que se nos presenta un problema real al cual hay que buscarle una solución, y nuestro pensamiento ha entrado en bucle de pensamientos negativos.

Lo primero que debemos hacer es describir la situación que nos preocupa con el mayor lujo de detalles para poderla hacer frente. Luego, describiremos el pensamiento o pensamientos que nos están angustiando. En un tercer momento expresaremos qué sentimientos nos están originando los pensamientos que estamos teniendo. Más tarde rebatiremos de forma racional y adecuada los pensamientos que nos afligen, y finalmente, daremos respuestas racionales como alternativa adecuada a los pensamientos irracionales que rumiábamos.

Ejemplo

Situación
- ✓ Me acaban de dar la nota del examen de Estadística y he vuelto a suspender.

Pensamiento negativo
- ✓ Soy una inútil, por más que me esfuerce no lo conseguiré, jamás llegaré a ser psicóloga.

Sentimiento
- ✓ Me siento triste, inquieta, angustiada...

Rebatir pensamientos irracionales
- ✓ ¿Qué significa ser una inútil? Ser una inútil es ser una persona que no vale en absoluto para nada, es ser en realidad un vegetal. Está claro que yo no soy ningún vegetal.
- ✓ ¿Es seguro que por más que me esfuerce nunca lo conseguiré? Eso no lo puedo saber. En otras asignaturas complicadas me he esforzado y he conseguido aprobar.
- ✓ ¿Cómo puedo saber que por más que me esfuerce nunca conseguiré terminar la carrera y ser psicóloga? Eso no lo puedo saber de ninguna manera, no puedo conocer el futuro.

Repuestas racionales
- ✓ Está claro que no tengo ningún argumento de valor que indique que soy una inútil, y que no conseguiré terminar la carrera aunque me esfuerce mucho. No hay pruebas que avalen esta tesis,

estos pensamientos parecen obedecer tan solo al momento de frustración por el que estoy atravesando. Otras veces con esfuerzo he conseguido aprobar, así que no tengo por qué pensar que ahora va a ser diferente. Seguro que si me esfuerzo lo suficiente conseguiré mis objetivos, pero es importante trabajar mucho y no dejarme vencer por el desánimo.

Modo ser

El modo ser es el modo del presente, un lugar donde habita la mente suavemente, sin comparaciones ni caminatas del presente al futuro o al pasado. En el modo ser, lo que es es, y se acepta como tal, sin compararlo con nada más. Es un aceptar sin cortapisas, un vivir la vida momento a momento, sin preguntarse cómo se van a cumplir las metas. Al contrario del modo hacer que busca lo mejor, en el modo ser simplemente se permite, se acepta sin presiones la experiencia que tengamos en ese instante, que resulta tan válida como otra cualquiera, al contrario del modo hacer donde continuamente se compara y se buscan atajos hacia lo ideal.

En el modo ser no existe el pasado ni el futuro, como en el hacer, sino un confortable presente continuo, desde donde se acepta incondicionalmente la vivencia que quiera que se esté viviendo en ese momento sin cuestionamientos de ningún tipo, sin huidas y sin rápidos movimientos hacia delante.

La relación con los pensamientos, las emociones y los sentimientos en este modo es diferente. En el modo hacer toda actividad mental se examina y se etiqueta como buena o mala, conveniente o no; por tanto, te aproximas o te alejas al objetivo mental en cuestión. Sin embargo, en el modo ser la evaluación mental no existe; por el contrario, existe la observación indiferente y la aceptación de lo que es, sin prejuzgar ni rechazar.

Los fenómenos mentales se consideran simplemente vivencias pasajeras que al igual que vienen se van, sin alterarnos ni emocionarnos en forma alguna, son tan solo eventos que nos visitan y tras su contemplación se disipan. A menudo este modo conlleva una sensación de experiencia novedosa en la que nos encontramos plenos de libertad, desde donde captamos la experiencia y todos sus matices en todo su esplendor. La vivencia se vuelve compleja y multidimensional y si, sin buscarlo, nos sentimos plenos, pues mejor.

El espacio de *respiración en tres minutos* es una técnica de *mindfulness* creada para ello. Se utiliza para hacer un alto en tu jornada y ayudarte a tener una actitud más amable y consciente ante lo que se te presente. En esencia, elimina los patrones de pensamientos negativos antes de que te controlen. También es una técnica de emergencia que te permite ver con claridad qué ocurre cuando te sientes bajo presión; te facilita pararte cuando tus pensamientos amenazan con descontrolarse, pues te ayuda a recuperar la perspectiva para relativizar las cosas y situarte en el presente.

Es una técnica en tres pasos, de un minuto cada uno. Es recomendable practicarla un par de veces al día, cuando lo decidas (Williams, D., Penman, D. 2013).

Ejercicio 23. Respiración en tres minutos

■ Paso 1: Tomar consciencia

- Adopta una postura erguida, con la cabeza alta, tanto si estás de pie como sentado. Si es posible, cierra los ojos. Toma consciencia de tu experiencia interior, de lo que te está ocurriendo. Pregúntate: «¿Cuál es mi experiencia en estos momentos?».
- ¿Qué pensamientos pasan por tu mente? En la medida de lo posible, identifica los pensamientos como hechos mentales.
- ¿Qué sentimientos experimentas? Presta atención a las posibles sensaciones de incomodidad o a los sentimientos desagradables, reconociéndolos sin intentar cambiarlos.
- ¿Qué sensaciones corporales percibes? Puedes «escanear» rápidamente tu cuerpo para percibir y reconocer las posibles sensaciones de tensión o de energía, pero no intentes cambiarlas.

■ Paso 2: Reunir y centrar la atención

Redirige tu atención a un foco definido en las sensaciones físicas de la respiración, acércate a las sensaciones físicas de la respiración en tu abdomen, cómo se expande cuando entra el aire y cómo se contrae cuando sale. Sigue la respiración en todo su trayecto de entrada y salida. Utiliza cada inspiración

(Continuación del ejercicio)

y espiración como oportunidades para anclarte en el presente. Si la mente se dispersa, no importa, vuelve a centrarte de nuevo en la respiración.

■ Paso 3: Ampliar la atención

Amplía el campo de consciencia en torno a la respiración de manera que incluya el cuerpo como un todo, tu postura y tu expresión facial, como si todo el cuerpo estuviera respirando. Si tomas consciencia de cualquier sensación de incomodidad o tensión, no dudes en centrar tu atención en su intensidad imaginando que la respiración se mueve en torno a esas sensaciones. De este modo te ayudas a explorar las sensaciones, te reconcilias con ellas en lugar de intentar cambiarlas. Si dejan de llamar tu atención, vuelve a tomar consciencia de todo el cuerpo en cada momento.

Cambio de modos mentales

Para adquirir la capacidad esencial de cambiar de modos mentales, tendremos que aprender a enfocar nuestra atención/concentración a voluntad, de modo que situemos nuestra consciencia donde queramos que se encuentre situada. Debemos elegir dónde queremos centrar nuestra atención y cómo vamos a hacerlo. En suma, sería cambiar un enfoque en el contenido por un enfoque en el proceso. O sea, lo importante no es tanto lo que ocupa nuestra mente sino cómo resulta el proceso de ocupar nuestra mente.

Habitualmente desde el modo hacer permanecemos anclados a unas rutinas muy disfuncionales y arcaicas por las que continuamente comparamos dónde estamos y dónde queremos estar. Estas rutinas suelen funcionar cuando nos encontramos muy agobiados por pensamientos depresivos, el movimiento que se intenta hacer es huir de la situación que nos hace daño hacia una más deseable, pero este proceso suele ser infructuoso, cayendo sin querer una y otra vez en circuitos mentales negativos que se autoperpetúan y de los que no podemos escapar. Ahí es donde debemos aprender a cambiar de marcha mental y pasar de un modo automático de pensamiento centrado en el contenido y en el deseo de escape (modo hacer), a otro modo menos disfuncional y centrado en el proceso y la aceptación de lo que es (modo ser).

Lo importante es salir de estas rutinas cognitivas depresógenas y antiguas y dejarnos ir, abandonando todos los intentos de huida de nuestros propios circuitos negativos de pensamiento. El objetivo es tan solo mantenernos libres de estas rutinas maliciosas, y si en el proceso alcanzamos mínimas cotas de felicidad, estas serán bienvenidas.

Ejercicio 24. Modo ser y modo hacer

■ Describir en detalle cuándo me interesa funcionar en el modo ser y cuándo en el modo hacer:

_____

_____

_____

_____

_____

_____

_____

_____

_____

_____

Ejercicio 25. Modo ser: observando Tu respiración

■ Ahora te proponemos realizar varios ejercicios de respiración anclada en el modo ser:

PRÁCTICA DE OBSERVACIÓN DE LA RESPIRACIÓN: PROCESO PERCEPTIVO

1. OBSERVACIÓN DURANTE LA ACTIVIDAD COTIDIANA

Antes de lanzarnos a aprender las técnicas de respiración, es conveniente que conozcamos cómo respiramos. Debemos ampliar nuestra

(Continuación del ejercicio)

consciencia corporal familiarizándonos con el conocimiento de nuestro proceso respiratorio antes de intentar modificar nada.

✓ Al principio observa tu respiración durante intervalos cortos, procurando simultanear la práctica, con tu actividad cotidiana.
✓ No te detengas, simplemente toma consciencia de cómo es tu respiración.
✓ Al comienzo del entrenamiento con una impresión general bastará.
✓ Ten en cuenta que nuestra respiración se altera en cuanto se siente observada.
✓ Anota más tarde tus impresiones en tu libreta de trabajo.

2. OBSERVACIÓN EN REPOSO

Una vez que te hayas formado una idea clara de cómo respiras habitualmente, estarás preparado para realizar una observación pormenorizada de tu proceso respiratorio en estado de reposo.
La relajación potenciará la atención-concentración y facilitará tu respiración natural.

PRÁCTICA:

✓ Busca un lugar tranquilo y agradable.
✓ Adopta una postura confortable. Al poder ser tumbado boca arriba.
✓ Procura soltar tensiones y alejar las preocupaciones y pensamientos desagradables.
✓ Disponte a observar tu respiración sin forzar nada.
✓ Deja fluir tu respiración.
✓ Asiste al acto de tu proceso respiratorio como mero espectador.

RECUERDA:

✓ El esfuerzo no contribuye a conquistar una respiración natural. Paradójicamente la relajación profunda sí.
✓ Después del entrenamiento anota en tu libreta de trabajo tus impresiones.
✓ Registro.

(Continuación del ejercicio)

PAUTAS DE AUTOOBSERVACIÓN

Hay que descartar que padezcas algún trastorno respiratorio o cardiocirculatorio. Si realizas algún deporte o entrenamiento físico regular, eso también afecta a tu respiración.

- *Tiempo mayor:* inspiración/espiración _____
- *Pausas:* posinspiratoria/posespiratoria/ninguna _____
- *Fosas nasales:* izquierda/derecha/ambas _____
- *Tiempo espiracion* (en segundos) _____
- *Frecuencia* (número de respiraciones por minuto) _____
- *Movimiento abdominal:* sí/no _____
- *Predominio:* clavicular/torácico/abdominal _____

✓ ¿Se «bloquea o atrapa» la respiración en: garganta/pecho/vientre?
✓ (sensación subjetiva o contracción muscular) _____
✓ ¿Fluye como una ola, comenzando la inspiración en el vientre y ascendiendo, para luego descender al espirar? _____
✓ ¿Se altera con frecuencia el ritmo a lo largo del día, como consecuencia del movimiento, emociones o pensamientos? _____
✓ ¿Cuánto tiempo tarda en normalizarse después? _____

Diferencias entre el modo ser y el modo hacer

1. PROCEDER AUTOMÁTICAMENTE/ PROCEDER CON CONSCIENCIA PLENA

   a. *En el modo hacer:* Vivimos continuamente sin advertir nuestros pasos, tan solo realizamos un movimiento hacia delante en busca de nuestros objetivos. No solemos saborear la vida ni pararnos a sentir, tan solo pensamos en lo que nos falta y a menudo nos obsesionamos por ello.
   b. *En el modo ser:* Elegimos dónde queremos estar, nos enfrentamos a las cosas con la mirada de la primera vez, con frescura, plenitud y libertad.

Vivimos el momento presente y nos extasiamos ante la maravilla del ahora. Nos alejamos de las rutinas y procedemos con sentir.

2. Pensamos la experiencia/sentimos la experiencia

   a. *En el modo hacer:* Nos pasamos la vida sintiendo los pensamientos como si fueran la realidad. Pensamos la vida más que vivirla. Continuamente evaluamos nuestros pensamientos y sentimientos sobre quiénes somos, el tipo de vida que nos ha tocado vivir y las sensaciones que presentamos en cada momento que nos gustaría o no tener.

   b. *En el modo ser:* Disfrutamos de la experiencia cambiante directamente, saboreamos la vida y la sentimos como auténtica y plena.

3. Vivir en el pasado y futuro/vivir en el presente

   a. *En el modo hacer:* vivimos en el pasado o en el futuro como si fueran el presente y la vida real, no nos damos cuenta del espejismo que suponen. Viajamos de continúo de nuestros proyectos de futuro a nuestros éxitos o fracasos pasados, es un viaje en bucle sin fin y mientras nos transportamos dejamos de saborear el presente. Siempre en lucha y en tensión por alcanzar nuestras deseables metas.

   b. *En el modo ser:* Experimentamos el futuro y el pasado como una parte del ahora. Habitamos en el hoy totalmente presentes, sin enredarnos en pensamientos arcaicos de viejas metas que alcanzar o momentos trasnochados que superar.

4. Escapar de vivencias desagradables/acercarnos a ellas con curiosidad

   a. *En el modo hacer:* La aversión se adueña de la mente y se propone huir de las experiencias desagradables, planea un mundo mejor y se esfuerza por conseguirlo.

   b. *En el modo ser:* No fijamos objetivos, tan solo realizamos un movimiento de acercamiento respetuoso a todas las experiencias que nos atañen, sin aversión ni pasión desmedida por plantear nuevos objetivos, simplemente las abordamos con curiosidad y tranquilidad.

5. NECESIDAD DE QUE LAS COSAS SEAN COMO QUEREMOS/ACEPTAR QUE SEAN COMO SON

a. *En el modo hacer:* Siempre permanecemos concentrados en medir la distancia entre lo que queremos y lo que es. Este movimiento hacia delante de no alcanzar sus objetivos puede crear una perenne insatisfacción crónica que se debe trabajar.

b. *En el modo ser:* Permitimos que las cosas sean como son, no vamos tras ningún objetivo especial. Podemos aceptar la realidad con tranquilidad y no huimos hacia ningún lugar. Esta aceptación se realiza desde el respeto y el afecto de forma incondicional.

6. JUZGAR QUE LOS PENSAMIENTOS SON LA REALIDAD/LOS PENSAMIENTOS SON FENÓMENOS MENTALES

a. *Modo hacer:* Juzgar el pensamiento como lo que es, en vez de como un proceso mental y abstracto. Se considera el pensamiento, la realidad.

b. *Modo ser:* Vivenciamos los pensamientos como procesos mentales que fluyen en nuestra mente, pero que no son la realidad. Los pensamientos van y vienen como las sensaciones, así les restamos poder y dejan de influirnos y amargarnos la vida cuando son negativos, o de controlarnos cuando son autoexigentes. De esta forma experimentaremos la magia de la libertad.

7. ANTEPONER EL ÉXITO EN NUESTRAS METAS/ATENDER OTRAS NECESIDADES MÁS AMPLIAS

a. *Modo hacer:* Experimentamos un movimiento unidireccional hacia la consecución de nuestros objetivos, excluyendo del panorama mental otras acciones más sanas que nos revitalicen. Podemos terminar fatigados e insatisfechos.

b. *Modo ser:* Se valora la calidad del momento, prestamos atención a todo tipo de necesidades desde la afectividad y la compasión. No prejuzgamos y aceptamos la realidad. Huimos de enfocar nuestra mente únicamente en el objetivo del éxito.

La atención plena

La atención plena es la práctica central del *mindfulness*. Este nos enseña a desdeñar el modo hacer que preside nuestra vida y acercarnos a voluntad al modo ser, realizando un movimiento amable y afectuoso de cambio de modo mental. El modo hacer demasiado a menudo puede llevar a nuestra vida a embarrancar en un caos mental, en el que de forma continua giremos en bucle sobre pensamientos interminables y agotadores de índole negativa que nos sacuden y nos hacen creer firmemente que ellos son la realidad, en vez de considerarlos como simples eventos mentales a observar y desestimar. Pero para cambiar de marcha mental, debemos trabajar a conciencia la atención plena, pues ella es la práctica central del *mindfulness* y es el proceso central que nos permite la entrada al reino del ser, desde donde podremos cambiar nuestra vida mental y vivir con más paz y afecto.

La atención plena hace que se disipe el bucle de los pensamientos automáticos que surgen sin cesar y sin llamarlos. Hará que cese el impulso hacia delante en el que habitualmente nos vemos inmersos para descartar lo que no nos gusta y no deseamos. Disipará la obsesión por el éxito y dejará de comparar la realidad de dónde estoy y dónde quiero estar. Nos hará experimentar una agradable sensación de compasión por nosotros mismos y nuestros semejantes, también experimentaremos la paz mental y la libertad. Nos enseñará a experimentar los pensamientos como lo que son, procesos mentales, sin atribuirles propiedades mágicas de realismo, sin identificarlos ni con el ego ni con ningún tipo de realidad.

La atención plena nace del movimiento mental hacia el modo ser. Aparece en la mente concentrada y en calma, descentrada del origen de nuestros problemas y del bucle de pensamientos sin fin.

Lo ideal será utilizar nuestro modo impulsado a la acción para trabajar sobre problemas reales y resolubles, problemas auténticos de la vida cotidiana, ante los que hay que actuar, pero saber cambiar a voluntad al modo ser cuando queramos estar presentes y dejar espacio a unos pensamientos perturbadores que se presentan como reales; se trata de hacerles sitio, observarlos y dejarlos ir, y tras ello dejar que la paz inunde nuestra mente.

Pero, como este cambio de marchas puede resultar harto difícil para la persona no entrenada, vamos a proponer una serie de ejercicios que nos conduzcan sin demasiadas dificultades hasta el reino de la atención plena, práctica central del *mindfulness*.

Ejercicio 26. Meditación de exploración corporal

OBJETIVO: *Tomar consciencia, darte cuenta. Quitar el piloto automático de la inconsciencia, del automatismo.*

■ Postura

  ✓ Colócate en una postura cómoda tumbado/a sobre una esterilla o alfombra, con los brazos a lo largo del cuerpo, las palmas hacia arriba y las piernas algo separadas también. Si te sientas, que sea en una silla de respaldo firme y recto, con los pies apoyados sobre el suelo y las piernas sin cruzar, los brazos apoyados sobre los muslos. Lo importante es mantener recta la columna vertebral y que la postura sea cómoda.

■ Despertar la consciencia corporal

  ✓ Presta atención a las sensaciones físicas de los puntos de contacto de tu cuerpo con el suelo o la silla. Percibe el espacio que ocupas, como si con un lápiz trazaras el perfil de tu cuerpo.
  ✓ Durante uno o dos minutos (10 o 12 respiraciones) toma consciencia de todo el cuerpo globalmente, de las sensaciones que te llegan espontáneamente, sin querer cambiarlas ni controlarlas; no tienen por qué ser de una determinada manera, son tus propias sensaciones y eso está bien.
  ✓ Luego, en orden descendente (3 o 4 respiraciones en cada parte), presta atención a la cabeza y cara, cuello, hombros, brazos, codos, antebrazos, manos y dedos; columna, espalda, tórax, vientre, región genital, caderas, muslos, rodillas, piernas, tobillos, pies y dedos de los pies.

■ Sensaciones respiratorias

  ✓ Toma consciencia de cómo entra y sale el aire por la nariz, y el recorrido que hace por el cuello, el pecho y el abdomen; siente cómo sube (con la entrada del aire) y baja (con la salida del aire) con cada respiración.
  ✓ Date cuenta de las fases de inspiración y espiración y las pausas que haya entre ellas. No la controles, deja que respire en ti cada respiración.

(Continuación del ejercicio)

■ Enfrentarte a tu mente dispersa

✓ Al tomar consciencia de tus sensaciones corporales o respiratorias, es fácil que te distraigas y la mente se vaya a otro sitio: pensamientos, imágenes, sonidos del exterior... Es normal, no te preocupes, date cuenta de lo que hace tu mente, y vuelve a centrarte en las sensaciones amablemente, sin criticarte. Al principio puede ser frustrante darte cuenta de cómo se dispersa tu mente, le cuesta trabajo mantener la atención centrada en el cuerpo o la respiración. No importa, es cuestión de entrenamiento, con cada práctica irás aprendiendo a mantener la concentración.

✓ Es una oportunidad para practicar tu paciencia y compasión (tratarme amorosamente).

✓ Lo importante es que tomes consciencia de tu experiencia en cada momento, que estés presente en tu cuerpo y en tu respiración; son anclas que te conectan con el aquí y el ahora cada vez que te des cuenta de que tu mente se va a otro sitio.

REGISTRA TU EXPERIENCIA

■ Dibuja las partes del cuerpo sentidas (no pensadas). Es posible que haya zonas en las que no hayas sentido nada.

✓ Anota, de 0 a 10 el nivel de percepción en cada parte de tu cuerpo.

✓ Observa qué partes de tu cuerpo presentan más tensión

✓ ¿Cómo describes tu respiración?

_____

_____

_____

_____

_____

Los modos mentales y el flujo

El flujo constituye una experiencia compleja que alcanza diferentes estados de consciencia, desde un estado de concentración leve en el caso del microflujo, hasta un estado total de concentración en el que nos fundimos con la acción, en el caso del macroflujo. Entre estas dos situaciones encontramos diversidad de estados de consciencia, pero el flujo nunca supondrá un caos total de la mente. Por ello es tan deseable, porque la mente experimenta un flujo ordenado de consciencia en el que el pensamiento se muestra atento y cómodo, sin sufrir el ir y venir constante de las preocupaciones, tan habitual en los estados de consciencia ordinaria. Sin embargo, el flujo, como ya explicaremos más adelante, cambia de marcha mental, casi de forma imperceptible, pero lo hace. Para explicar este extremo de forma más didáctica, vamos a detallar esto desde la visión amplia antes y durante el flujo.

Antes de realizar la actividad de nuestra elección

La mayoría de las veces podremos realizar la actividad de nuestra elección de forma espontánea y sin preparación previa, simplemente nos pondremos a ello y el flujo surgirá de forma natural como consecuencia lógica de realizar una tarea que nos encanta. Sin embargo, algunas veces, quizá pocas veces, nos convendrá realizar una preparación previa a la ejecución de la actividad en cuestión. Esto podría suceder cuando, por ejemplo, nos presentamos a una competición deportiva en la que además de realizar una actividad que nos gusta, queremos realizar la mejor de las ejecuciones porque contemplamos el objetivo de ganar. Se puede fluir también al realizar una tarea exigente en la que nos marcamos unas altas metas, además si se fluye en esta situación, mejor, señal de que todo marcha convenientemente.

Dado que ya hemos explicado que el flujo y el *mindfulness* resultan una pareja muy bien avenida y que el flujo hunde sus más profundas raíces en esta disciplina, nos podremos aprovechar de las potentes técnicas de la misma para fluir mejor y ejecutar nuestra actividad con mayores garantías de éxito. Para ello realizaremos alguna técnica adecuada a nuestros objetivos.

Primero, y desde el modo hacer, podemos planear nuestra ejecución de forma detallada y minuciosa. Por ejemplo, preparar un partido de fútbol con algunas estrategias de juego y preparación mental. Este ejercicio se realizará claramente desde el modo hacer y supondrá una clara ventaja a la hora del partido. Segundo, desde el modo ser podremos hacer una práctica completa de visualización en la que con todo lujo de detalles repasemos todos los pormenores del partido y de nuestra actuación en el mismo.

Ejercicio 27. Preparación mental antes de la actividad

Observaremos si tenemos algún temor, alguna idea negativa preconcebida en relación con nuestra habilidad para realizar la actividad en cuestión.

■ ¿En qué podría fallar?:

_____

_____

_____

_____

■ ¿Qué es lo que más temo?:

_____

_____

_____

_____

■ ¿Qué podría hacer para mejorar?:

_____

_____

_____

_____

(Continuación del ejercicio)

■ ¿Qué es lo que mejor hago?:

_____

_____

_____

_____

■ ¿Qué puedo hacer para conseguir una mayor seguridad en mi actuación?:

_____

_____

_____

_____

■ ¿Con quién puedo contar?:

_____

_____

_____

_____

Ejercicio de visualización de la actividad

✓ Haremos con base en la respiración unos ejercicios de relajación/aten-ción plena, en la que visualizaremos nuestra ejecución de la actividad que hayamos elegido con todo lujo de detalle y por supuesto, conclui-remos nuestra tarea con éxito. De ese modo cuando tengamos la opor-tunidad de sumergirnos realmente en la tarea, lo haremos con pleno conocimiento. Es como si nos hubiéramos estudiado el plano antes de realizar el viaje. Por ello realizaremos la actividad con menor esfuerzo y alcanzaremos mayores grados de flujo.

(Continuación del ejercicio)

Durante la ejecución de la actividad de nuestra elección

✓ Mientras realizamos la actividad tendremos dos modos mentales fundamentales. En general, permaneceremos en el modo ser, todas las dimensiones del flujo se centran en el modo ser, excepto una: *feedback* sin ambigüedad.

✓ El proceso del estado de flujo es un movimiento por el que nos dejamos llevar de forma automática, nuestra mente permanece concentrada y nuestro yo se disuelve en la acción. Sin embargo, este movimiento hacia delante tiene algunos puntos de inflexión, pasajeros e imperceptibles, pero los tiene. Son momentos de relajación de la acción, instantes de satisfacción plena en los que nos preguntamos cómo lo estaremos haciendo; para ello comparamos el ideal con nuestros logros y nos orientamos sobre el éxito de la tarea que estamos desempeñando. Esta acción de comparar en donde el flujo como tal cesa, pero seguimos permaneciendo en flujo, es precisamente un cambio de marcha mental, es un ir del modo ser, donde habitualmente habitamos mientras estamos en flujo, a un modo hacer.

✓ El modo hacer aparece fugazmente en nuestra consciencia cuando el practicante se cuestiona a sí mismo por el éxito de su ejecución; es un movimiento comparador, dónde estoy y dónde quiero estar, y esto es precisamente el modo hacer. Es una pregunta necesaria: «¿Cómo lo estoy haciendo?». Un cambio de marcha pertinente; si no nos orientamos sobre nuestra aproximación a la meta, caminaremos a ciegas y no seremos eficaces en nuestra actividad. Por regla general, este cambio de marcha mental se realiza de forma automática sin que el practicante tenga consciencia de ello, pero consciente o no, se realiza.

Tras la ejecución de la actividad de nuestra elección

✓ Tras realizar la actividad, nos podremos preguntar: qué problemas hemos tenido al realizarla, qué es lo mejor que hemos hecho y cómo podremos mejorar la próxima vez. Para ayudarnos a ordenar las ideas convendría realizar el siguiente ejercicio.

Ejercicio 28. Qué hago tras la ejecución de la actividad de nuestra elección

■ ¿Conseguí fluir?:

_____
_____
_____
_____

■ ¿Qué pensamientos interfirieron en el estado de flujo?:

_____
_____
_____
_____

■ ¿Cuándo interfirieron más? Antes/ durante /después:

_____
_____
_____
_____

■ ¿Qué sensaciones físicas interfirieron con el estado de flujo?:

_____
_____
_____
_____

■ ¿Cuándo interfirieron más?: Antes/ durante /después.

_____
_____

(Continuación del ejercicio)

_____

_____

■ ¿Qué es lo mejor que he hecho?:

_____

_____

_____

_____

■ ¿Dónde he fallado?:

_____

_____

_____

_____

Flujo atento

Llamaremos *flujo atento* a la capacidad de vivir el día a día con la determinación de permanecer atentos a las oportunidades de flujo que nos ofrezca la vida cotidiana.

La actitud es un *darse cuenta* de las oportunidades para fluir que potencialmente presentan algunas actividades habituales. Es mantener un estado de consciencia atento y concentrado en exprimir la experiencia transformándola en experiencia óptima, y así ganar en calidad de la experiencia de forma ordinaria. Se trataría de dirigir la mente de forma consciente en movimientos continuos de acercamiento al estado de flujo, aprovechando todas las oportunidades que el quehacer cotidiano nos ofrezca. Una suerte de *serendipity* dirigido que rastrea en el modo hacer las actividades diarias, para sumergirse desde el modo ser en el estado de flujo, cuando somos capaces de captar aquella actividad que con poca o ninguna transformación nos puede proporcionar algún grado de experiencia de flujo.

La tarea de rastrear flujo de manera cotidiana se debe transformar en costumbre. El cambio del modo mental hacer, en el que permaneceremos siempre durante la búsqueda, al modo mental ser en el que permaneceremos durante los instantes de flujo, debe hacerse de forma automatizada e inconsciente. Si fuéramos capaces realmente de acostumbrarnos a este rastreo cotidiano para capturar experiencias de flujo, nuestra vida ganaría muchísimo en calidad, nos aburriríamos muy poco, nuestro estado de ánimo mejoraría, alejaríamos la apatía y la desidia, viviríamos la vida mucho más motivados y con mayor energía, y por supuesto, nuestra salud mejoraría sin duda. Tal es la importancia de la calidad de la experiencia y la motivación en nuestras vidas.

Veamos un ejemplo:

Elena es auxiliar de enfermería y trabaja en una planta de traumatología de un gran hospital. A menudo realiza actividades duras y penosas que antes de descubrir las ventajas del flujo frecuentemente las realizaba con gran cansancio y apatía, pues resultaban tareas que realmente exigían gran compromiso físico y psíquico. Tenía que hacer camas, lavar pacientes, vestirlos, atender sus demandas, cumplir con las órdenes de sus supervisores, ayudar a comer a los pacientes, recoger la sala de curas, colocar la medicación, y así un largo etcétera de tareas exigentes. Al principio todo esto se le hacía cuesta arriba a nuestra protagonista, hasta que un día aprendió las oportunidades que le ofrecía el flujo atento. En ese momento Elena comenzó a buscar lo que en principio parecía imposible, fluir en su trabajo, transmutar sus penosas tareas en algún grado de flujo.

Elena sabía perfectamente lo que era fluir y conocía sus reglas, porque era una gran jugadora de pádel y además pintaba. Al realizar esas actividades, ella sabía que podía alcanzar cotas de flujo altísimas, pero en su trabajo... no lo veía. Pero se lo propuso, comenzó a practicar *mindfulness*, a leer libros sobre flujo, y a poner sus consejos en práctica, el resultado fue que poco a poco lo fue consiguiendo.

En principio, quiso cambiar su relación con los pacientes. Estaba claro que no podía detenerse mucho con ellos porque había que trabajar rápido, pero nada la prohibía escucharlos. Hasta ese momento los escuchaba de pasada, siempre con prisas y a menudo se quedaba con la sensación de no haber ayudado nada al paciente. En ese momento, gracias a su entrenamiento se dio cuenta de que lo importante no era el tiempo en sí que empleaba en la interacción con su paciente, sino en la calidad del mismo. Es decir, comenzó a esforzarse por estar realmente presente en esos momentos, pasar al modo ser, y practicar la escucha activa y empática. Pronto se dio cuenta de que ambos, el paciente y ella fluían conjuntamente en un movimiento de acercamiento hacia el fenómeno de la autoexpansión, que más tarde explicaremos. No solo ganó en calidad de atención al paciente, sino que poco a poco fue transformando muchas de sus actividades más básicas en actividades al menos de microflujo.

Por ejemplo, mientras hacía las camas buscaba un sistema por el que resultara más rápido hacerlas, ahorrando en cantidad de movimientos, de esa manera se cronometraba y veía cómo cada vez era más rápida y eficaz; el tiempo que transcurría en hacer las camas poco a poco se iba acortando y ella se fatigaba menos. Otra actividad que había aprendido a permutar en flujo era el caminar al ritmo de la respiración. Su trabajo le exigía recorrer frecuentemente largos pasillos, algo que antes la agotaba, pero ahora ese tiempo lo empleaba en caminar sincrónicamente con la respiración, variaba los ritmos y esto además de entretenerla le ayudaba a fatigarse menos. Practicaba las reglas del flujo, buscaba metas que no fueran ni muy fáciles ni muy difíciles, procuraba ir aumentándolas en complejidad, medía el progreso y se sumergía en la actividad.

Elena, con el tiempo, comenzó a llevar algunos registros de flujo, de esta manera podía superarse a sí misma. Se volvió creativa y transformó muchas de sus actividades en tareas de flujo o al menos de microflujo. El simple hecho de permanecer atenta, ya la sumergía en un estado de consciencia superior que la traía paz, y se sentía más libre porque la sensación de crear era única. Su vida, en general, se vio transformada y sus compañeros y superiores la alabaron esta transformación personal que a nadie se le escapaba.

Ejercicio 29. Flujo atento: «cazar oportunidades para fluir»

Hora: _____

Día: _____

■ ¿Qué estaba haciendo cuando tuve la idea?:

_____

_____

_____

_____

■ ¿Dónde estaba cuando tuve la idea?:

_____

_____

_____

_____

■ Actividad que transformé en flujo: Cómo la hacía/cómo la hago:

_____

_____

_____

_____

■ Modo mental al principio de la actividad:

_____

_____

(Continuación del ejercicio)

_____

_____

■ Modo mental durante la actividad:

_____

_____

_____

_____

■ Modo mental al final de la actividad:

_____

_____

_____

_____

Ejercicio 30. Mejorar la capacidad de relajarnos, visualizar y fluir

En este apartado, sirviéndonos de la experiencia en *mindfulness* que hemos adquirido, vamos a desarrollar una serie de ejercicios útiles que nos servirán para mejorar nuestra capacidad de relajarnos, visualizar y fluir. Estos ejercicios realizados de forma adecuada serán nuestro entrenamiento mental para conseguir disfrutar más de las experiencias positivas que nos salgan al paso, pero también nos darán las claves para mantenernos alerta y predispuestos a detectarlas y provocarlas a voluntad. Nuestro cerebro aprenderá cómo hacerlo y nos resultará algo automático una vez que hayamos entrenado lo suficiente. Además, conseguiremos aprender a fluir mejor, sin necesidad de estar en la situación real desarrollando la actividad, tan solo con imaginar de forma vívida la experiencia fluiremos, y lo mejor, este aprendizaje nos llevará a mejorar las

(Continuación del ejercicio)

habilidades necesarias reales para conseguir el estado de flujo y para obtener *de facto* éxito en aquella actividad que se nos resistía. Es la habilidad del cerebro entrenado. A continuación te exponemos los pasos más importantes del ejercicio. Después podrás leer la explicación de cada uno de ellos con todo detalle.

1. Prepara tu cuerpo y tu mente para absorber lo positivo.
2. Recuerda una experiencia de flujo.
3. Vivencia tu experiencia de nuevo de forma intensa y mejorada.
4. Imagina una futura experiencia de flujo que te lleve al éxito.

1. Prepara tu cuerpo y tu mente para absorber lo positivo

En algún momento que te sientas relajado y notes tu mente especialmente libre de distracciones, busca un lugar en calma, siéntate en un asiento cómodo, un sofá o sillón agradable servirá, pero si prefieres la cama está bien, pero poniendo cuidado en que el sueño no te venza. A continuación relájate activamente, comienza realizando unas respiraciones profundas y luego deja que las sensaciones de relajación, peso o calor desciendan por todo tu cuerpo desde la cabeza a los pies.

Una vez relajado, intenta atraer a tu mente alguna experiencia muy positiva de flujo o no, que hayas vivido: una primera cita, un éxito deportivo, una película preciosa que te impresionó, un fantástico viaje, cualquier vivencia vale, lo importante es que sea positiva y la recuerdes relajado con todo lujo de detalles. Detenla en tu mente y déjate impregnar por las sensaciones estupendas que tuviste, retén un rato estas imágenes y sensaciones y saboréalas.

Este es un ejercicio extraordinario para realizar en cualquier momento de nuestra vida en el que nos sintamos motivados para hacerlo, se trata sencillamente de evocar aquella experiencia en la que hayamos disfrutado intensamente. Debemos procurar recordar y atraer a la mente aquellos instantes de forma muy vívida, ello reactivará nuestro cerebro, lo positivizará y lo mantendrá alerta para volver a atrapar este tipo de situaciones con mayor facilidad. Es como cuando queremos ligar, andamos al acecho de *chicos guapos* y no se nos escapa ninguno y ello es porque estamos predispuestas; con esto pasa igual, si nos encontramos predispuestos a tener experiencias maravillosas, las tendremos,

(Continuación del ejercicio)

porque incluso tenderemos a provocarlas y a poner en valor pequeñas cosas que antes nos pasaban desapercibidas. En general, fluiremos más y lo haremos más contentos.

2. Recuerda una experiencia de flujo

Una vez que tu cuerpo se haya relajado y tu mente se encuentre más o menos libre de pensamientos negativos, estarás en disposición de sumergirte en el mundo de la imaginación. Visualízate a ti mismo realizando una actividad gratificante en la que hayas alcanzado el estado de flujo, hazlo de forma vívida e intensa, recuerda cada paso que dabas, el color del día, si era gris plomizo o radiante, piensa en si había un olor especial, cuál era la temperatura, centra tu atención también en alguna sensación física especial que tuvieras que te agradara o que te incomodara, intenta recordar cuál era tu estado de ánimo. Visualiza todo ello y cuando lo tengas, déjalo pasar como en una película proyectada en la pantalla de tu mente en la que tú eres el/la protagonista.

3. Vivencia tu experiencia de nuevo de forma intensa y mejorada

Tras la experiencia anterior estarás en mejor disposición de continuar con el ejercicio con mayor facilidad. Ahora se trata de que la experiencia de flujo que has evocado e imaginado con gran realismo, la vivencies de nuevo, pero esta vez con todo lujo de detalles. Comienza haciendo tu ejercicio de relajación y ponte a imaginar en un sitio cómodo y silencioso, esto te ayudará a mejorar la técnica.

Lo que ahora se te pide es que al visualizar la escena pasada lo hagas en esta ocasión de forma mejorada, intenta evocar la mejor versión que puedas de la situación. Para ello, céntrate en lo positivo, destierra lo negativo; aunque lo hubiera, sencillamente pasa de ello, atrae a tu mente solo lo positivo, recréate en ello, míralo desde todos los ángulos, repasa todos los sentidos e incluso revisa tu termómetro emocional y ajústalo a los niveles altos de disfrute. No se trata de que inventes otra experiencia, tan solo de que revises todos los aspectos positivos de ella, detalles que quizá entonces pasaron desapercibidos y que en estos momentos al recordar con calma la escena se te antojan

(Continuación del ejercicio)

positivos. Retén la vivencia, saboréala unos instantes, disfruta de ella y cuando creas ya agotado tu ejercicio, sal de esos extraordinarios niveles de consciencia dando gracias por haber disfrutado nuevamente de aquella grata experiencia que viviste.

4. Imagina una futura experiencia de flujo que te lleve al éxito

Una vez que hayas practicado la visualización de una experiencia de flujo y hayas conseguido positivizarla, estarás preparado sin duda para disfrutar imaginando de nuevo, pero en este caso te proponemos que visualices una experiencia ideal de flujo; sí, que visualices aquella experiencia que te encantaría tener y que por alguna razón no has conseguido alcanzar todavía. Este ejercicio movilizará a tus sistemas internos para que consigas conquistar esa experiencia que deseas y con ello algún objetivo no logrado. Te ayudará en todos los sentidos; si no lo has conseguido por temor, te hará más fuerte; si no lo has conseguido por falta de medios, te impulsará a luchar por alcanzarlos, y si la razón es simplemente falta de habilidad, practicando este ejercicio te harás más hábil, aunque parezca increíble practicar en imaginación te ayuda a alcanzar la excelencia en la realidad, no lo dudes, es la capacidad del cerebro.

Como en el ejercicio anterior, debes buscar ese sitio ideal de descanso y entrar en tus niveles especiales de consciencia a través de la relajación. Una vez completamente relajado, comienza a imaginar, e imagina sin trabas; eres el dios de tu mente, en ella el mundo se encuentra a tu disposición, te obedece sin rechistar, no encuentras dificultades y puedes alcanzar aquello que deseas. Pero no te olvides de imaginar cosas que aunque puedan costar sean realmente alcanzables, de nada te valdrá imaginarte ganando una medalla olímpica si eres algo patoso para los deportes, o recibiendo el nobel de economía si las matemáticas no son lo tuyo.

Por tanto, imagina con todo lujo de detalles la experiencia que quieras vivir, pero de forma realista. Visualízate realizando un gran esfuerzo y disfrutando por ello, pero un esfuerzo que persigue un objetivo que aunque difícil entre dentro de lo posible alcanzarlo. Por ejemplo, si juegas al baloncesto y sueles estar en

(Continuación del ejercicio)

el banquillo porque no juegas muy bien, imagínate que fluyes maravillosamente porque has comenzado a jugar mucho mejor. Ahí sí funciona tu ejercicio. O imagina que fluyes estudiando matemáticas y al final apruebas el examen.

Nuestra recomendación es que no dejes de practicar estas técnicas, conseguirás tus objetivos y lo harás fluyendo, verás lo satisfecho y feliz que te vas a encontrar por ello.

Sé constante, trabaja y disfruta mientras lo haces, tu cerebro es tu aliado y las técnicas tus compañeros, practica, sé feliz y lo conseguirás... *Es la capacidad del cerebro...*

Puntos clave

¿Qué es el *mindfulness*?

La palabra *mindfulness* no tiene una traducción exacta en español, pero puede entenderse como *atención o consciencia plena*, o incluso *presencia mental*.

¿Qué puede aportar el *mindfulness* a la experiencia de flujo?

Mejorar la habilidad para centrar la atención y permanecer presente mientras se fluye. En ambas prácticas la coherencia cerebral es alta, la mente permanece sincronizada y presente y no se disgrega fácilmente.

Principales conceptos de *mindfulness*

Descentramiento

El descentramiento se entiende como un *movimiento de apertura*, un gesto de dar la bienvenida a aquello que quiera que pase en nuestra vida, es un hacer espacio, una actitud amable de aceptación y de no rechazo.

Los modos de la mente

Modo hacer

Este modo mental, en el que nos encontramos de ordinario, es un modo principalmente orientado a la acción y para ello compara continuamente lo que tenemos con lo que nos gustaría tener, e intenta acercarnos a nuestros ideales.

Modo ser

En el modo ser, lo que es, es, y se acepta como tal, sin compararlo con nada más, es un aceptar sin cortapisas, un vivir la vida momento a momento, sin preguntarse cómo se van a cumplir las metas.

Cambio de modos mentales

Para cambiar de modo mental tendremos que aprender a enfocar nuestra atención/concentración a voluntad, de modo que situemos nuestra consciencia donde queramos que se encuentre situada.

En flujo de ordinario permanecemos en el modo ser.

Flujo atento

Llamaremos *flujo atento* a la capacidad de vivir el día a día con la determinación de permanecer atentos a las oportunidades de flujo que nos ofrezca la vida cotidiana.

6

EL TIEMPO QUE NOS MUEVE Y EL FLUJO

Lo que más me sorprende del hombre occidental
es que pierde la salud para ganar dinero,
después pierde el dinero para recuperar la salud.
Y por pensar ansiosamente en el futuro no disfruta del presente,
Por lo que no vive ni el presente ni el futuro.
Y vive como si no tuviese que morir nunca,
y muere como si nunca hubiera vivido.

Dalai Lama

El ser humano, mentalmente, es un viajero en el tiempo. Del presente salta continuamente al pasado para reevaluar su situación comparándola con tiempos pretéritos. Pero, sobre todo, salta al futuro. La mente inquieta no se identifica con un presente que no se le antoja demasiado atractivo; así, transitando en un círculo de *quiero más*, de continuo viaja al futuro. Es en el futuro donde seré feliz, donde conseguiré lo que anhelo, donde los sueños se harán por fin realidad, y de esta manera, sacrificando un presente real, se comienza a vivir en un futuro de ilusión, tan irreal como la mente que lo evoca. Andando el tiempo, la costumbre del viaje al futuro se hará ley, y, al final, esa mente viajera se quedará a vivir en un tiempo que no le es propio, en un tiempo en el que nada tiene que hacer. Ningún futuro por deseado que sea ha traído nunca a nadie regalo alguno. El futuro no es más que una ilusión, una quimera, un sueño, y también un tremendo error de una mente aburrida e insatisfecha, de una consciencia que no cree en sí misma, que no se conoce y que necesita de las migajas de los sueños para proseguir viaje con las alforjas cargadas de ilusión renovada.

Este es el gran drama de una mente demasiado identificada con sus propios pensamientos y con una realidad tan efímera como *irreal*. La mente no entrenada desconoce su propio *ser* y se identifica con su propia producción mental, ignorando que el contenido no es la esencia. De esa manera entra en el círculo de *quiero más*; sus propios pensamientos le llevan allí; si *tengo más, soy más* y seguro que el futuro me llevará hasta donde quiero. Podríamos decir en palabras de Vicente Simón (2013) que «tenemos el alma vendida, no al diablo, sino al futuro». ¡Ah! El futuro, siempre el futuro, y así día a día permanecemos alejados del hoy, del ahora, de un presente que más o menos hermoso, es lo único que tenemos, y sobre el único que podemos trabajar y disfrutar. El hoy es nuestro, al futuro no le conocemos. El presente es vida, el futuro es sueño y el pasado recuerdo, cenizas de la hoguera de la vida que pasó.

Afortunadamente, la mente, aunque salvaje y poco moldeable, a veces encuentra salidas como respuesta a sus necesidades. Y así, con perseverancia y confianza, puede aprender a producir experiencias que le hagan transitar por el *hoy*, desarrollando capacidades desconocidas para ella, pero necesarias para el crecimiento personal. Nos referimos a las vivencias de flujo y *mindfulness*. Por muy distintos caminos estas experiencias entrenan a la mente para permanecer en el presente, para vivir el presente, practican *la presencia*.

> Lo que se experimenta en el estado de presencia es, por tanto, auténtico. La autenticidad es una característica exclusiva del presente. En el presente sentimos el cuerpo por dentro con todo lujo de detalles. Y también vemos, oímos, olemos, gustamos, tocamos de verdad. Solo en el presente. En el pasado o en el futuro podemos recordar o imaginar sensaciones, pero no son reales, solo son pálidos reflejos de la percepción directa de las cosas.
>
> (Vicente Simón, 2011)

¿En qué tiempo habitamos?

Una mente entrenada en el presente es una mente viva que disfruta del momento, que es la única unidad de vida. Somos tiempo, nuestra naturaleza es tiempo, nuestra corporeidad es tiempo, nuestra alma es tiempo, pero no tiempo pasado ni futuro, sino tiempo presente. El tiempo presente es real, no es recuerdo, no es sueño, es vida para ser vivida, vida para ser disfrutada, vida para hacerla nuestra. Pero para ello tenemos que llegar a comprender la importancia de hacernos presentes en cada átomo de tiempo. Y esto es precisamente la enseñanza que nos trae la práctica del *mindfulness*.

En el flujo se está presente de forma natural, es una de las características de esta particular experiencia. La unidad entre la acción y la consciencia es un requisito indispensable para fluir; así, si la situación presenta una serie de características necesarias y la persona se encuentra motivada, la unión surge por sí misma, no hace falta la práctica previa. Sin embargo, nosotras creemos por nuestra experiencia que tras una práctica intensa en *mindfulness*, alcanzar el estado de flujo será mucho más sencillo. Este entrenamiento será especialmente útil para quienes por sus características personales les cueste mucho entrar en flujo (personas poco autotélicas), o bien en aquellas tareas que a priori no resulten atractivas.

De cualquier manera, y aunque la vida transcurra en el instante del ahora, no podemos olvidar que el ser humano es lo que es gracias a anticipar el futuro. Si no hiciéramos planes, difícilmente podríamos avanzar, la humanidad no habría evolucionado. Cuando el hombre primitivo se hizo agricultor fue gracias a su capacidad de imaginar un futuro con cierta precisión. Aquí la función fundamental es la imaginación, nuestra capacidad para imaginar es prioritaria en nuestra vida, así conseguimos diseñar nuestro futuro a medio o largo plazo para poder concluir una carrera con éxito. Sin esa capacidad fundamental no seríamos lo que somos.

En gran parte somos lo que hemos soñado, nuestro presente se ha forjado en el pasado y hoy seguimos construyendo nuestro mañana. Reproducir un futuro deseable en nuestra mente también nos anima a conseguirlo, a motivarnos para obtener lo que queremos. La motivación de logro es una herramienta fundamental para alcanzar los sueños, para hacernos a nosotros mismos como deseamos. Sin motivación no hay desarrollo, sin motivación no se activa la emoción que es el motor de la vida. Si no nos emocionamos, no construimos, no nos esforzamos, no hayamos vida. Incluso en ese construir una imagen feliz del futuro puede residir parte de la felicidad; a veces, la felicidad reside en la antesala.

Disfrutamos tanto haciendo camino e imaginando la llegada como cuando alcanzamos la meta realmente. El gran problema de la imaginación es cuando se desenfoca la visión y se crea un futuro plagado de catástrofes, un futuro temible. En ese escenario también se activa la emoción y en este caso lejos de impulsarnos nos bloquea. Las anticipaciones negativas son distorsiones cognitivas muy potentes y perjudiciales, hacen descarrilar los sueños y paralizan la acción. Por eso hay que buscar el equilibrio con mucha sabiduría entre lo posible y lo imposible, entre la meta alcanzable con esfuerzo, y la inalcanzable. El problema es que tras la no consecución de nuestro ideal, llega inevitablemente la frustración, de nuevo la emoción negativa al acecho para paralizarnos y dejarnos inmóviles. Una persona frustrada difícilmente acometerá nuevas aventuras y posiblemente también su actividad cotidiana se verá afectada, incluso puede enseñarle su cara la temible depresión.

El pasado también hace buenas aportaciones a nuestra existencia. Del pasado se aprende, el pasado resulta profiláctico, el recuerdo nos protege de volver a cometer dos veces el mismo error. El pasado nos indica el camino señalizándolo convenientemente de acuerdo a su experiencia; en este caso, gracias a la memoria, esa capacidad sin la que nada seríamos; somos lo que recordamos, soy lo que mi memoria me dice que soy, nada soy cuando la memoria vuela, y esto lo saben bien los cuidadores de los enfermos de Alzheimer. Para ellos sus familiares se han disuelto en la nada junto a la desaparición de sus recuerdos (memoria).

El gran logro es encontrar el *Carpe diem* de la vida, disfrutar del presente, que es la única realidad que tenemos, mientras viajamos al pasado que nos protege y al futuro que nos impulsa. Para hallar nuestro *Carpe diem* vital, proponemos practicar *mindfulness,* que nos mantiene centrados y nos va a ayudar a alcanzar el flujo, donde encontraremos retazos de felicidad.

A continuación encontrarás un pequeño cuestionario que te puede ayudar a darte cuenta de en qué tiempo sueles permanecer habitualmente.

Ejercicio 31. Evalúa tu «personalidad temporal»

	En absoluto	Un poco	Muchísimo
Normalmente me sorprendo pensando en el pasado.			
Normalmente me sorprendo pensando en el presente.			
Normalmente me sorprendo pensando en el futuro.			

(Continúa en la página siguiente)

(Continuación del ejercicio)

	En absoluto	Un poco	Muchísimo
Creo que mi conducta se encuentra condicionada por lo que ha ocurrido en el pasado.			
Vivo centrado en lo que sucede en el presente.			
Creo que mi conducta se encuentra condicionada por lo que pueda suceder o conseguir en el futuro.			

■ ¿Cómo me siento cuando me sorprendo pensando en el pasado?

_____

_____

_____

_____

■ ¿Cómo me siento cuando me sorprendo pensando en el presente?

_____

_____

_____

_____

■ ¿Cómo me siento cuando me sorprendo pensando en el futuro?

_____

_____

_____

_____

Con este breve cuestionario podrás saber fácilmente en qué tiempo, pasado, presente o futuro, te encuentras viviendo la mayor parte del tiempo. También te permite reflexionar sobre cómo te sientes en cada momento temporal en el que te sitúas. Con ello, obtendrás un esquema general de cuáles son tus tendencias habituales de la vida de tu consciencia.

El tener idea de en qué tiempo vital nos movemos, resulta de gran importancia para no dejarnos arrollar por la corriente temporal a la que nos quiera arrastrar nuestra propia mente. El tomar consciencia de nuestro sentido vital, de nuestro tiempo vital, es fundamental para modificarlo y vivir en donde realmente queramos vivir, donde realmente necesitemos vivir, para conseguir lo que deseamos y para tener una vida de calidad. A veces no tomamos consciencia de las cosas y nos sentimos arrastrados por ellas. Por tanto, el primer paso para modificar aquello que nos resulta negativo o que al menos no nos ayuda o dificulta la vida, puede ser el hacernos conscientes de que esta dificultad existe, y esta dificultad existe en un tiempo concreto.

Si la adversidad se presenta en un tiempo presente, habrá que hacerle frente en ese mismo momento. Pero esto no siempre ocurre así, es muy frecuente que las dificultades tan solo las presintamos o las vivenciemos en un tiempo futuro. Esto, que de ordinario puede ser bueno para anticipar destrezas con las que afrontar las dificultades, a veces puede volverse totalmente en nuestra contra y resultar una auténtica anticipación negativa en clave catastrófica. Ello puede ser un auténtico problema; la mente se acostumbra a viajar a un futuro negativo completamente desconocido pero imaginado, lo que puede ocasionar ansiedad, que se desencadena cuando imaginamos infortunios varios en el futuro. Esta situación anticipatoria se puede tornar en costumbre y por ello desembocar en un trastorno de ansiedad generalizada muy perjudicial para la salud mental.

Siendo muy negativa y profundamente perjudicial para nuestro equilibrio emocional la anticipación negativa, no siempre es negativo vivir en el futuro. Frecuentemente nuestra mente se traslada al tiempo venidero con algún motivo lógico y constructivo, como puede ser realizar unos planes realistas de futuro (que incluye anticipar posibles dificultades o amenazas y prepararse a afrontarlas positivamente) para tener éxito en una determinada actividad.

Transitar por la vida con un rumbo ya diseñado y valorado de forma pormenorizada, en muchas circunstancias puede resultar extraordinario; puede resultar una fórmula para ayudarnos a conseguir la excelencia en lo que hacemos. Bien puede ser trazar unos planes académicos o laborales, o planear una educación de calidad para nuestros hijos. Pero esta situación es muy distinta a la que antes comentábamos de la anticipación negativa de ciertas circunstancias en la vida, como podría ser un pensamiento constante y obsesivo sobre el abandono de nuestra pareja, o que nos van a despedir, o que suspenderemos. A veces la propia obsesión genera un temor que va a terminar en *falacia que se autocumple;* es decir, de tanto que lo tememos lo atraemos, porque dejamos de ser eficaces y por tanto acumulamos muchas más papeletas para fracasar.

Como vemos, el encontrarnos mentalmente viajando por el tiempo que nos corresponde es una habilidad mental muy deseable. Es cuestión de salud emocional. Encontrarnos presentes en *cuerpo y alma* en el momento que toca resulta una capacidad impagable, nunca lo bastante valorada. Por ello es conveniente que nos pasemos de vez en cuando el anterior cuestionario, porque nos ayudará a reflexionar en dónde se está posicionando la mente en esos momentos o en esos días. Así, una vez que hayamos tomado consciencia de por dónde transitamos podamos tener la capacidad de corregirlo, tras una seria reflexión introspectiva. Por ello, debemos de acostumbrarnos a pasar el cuestionario puntualmente, sin regatear esfuerzos en esta actividad.

El flujo como maestro del presente

El ciudadano occidental, sobre todo el que vive en las ciudades, demasiado a menudo habita fuera de su tiempo. Es decir, cuando se debería encontrar en el presente, viaja de continuo hacia el futuro, luego puede ir al pasado y tras esto hacer una breve visita al presente donde debía permanecer, para retornar al futuro, donde no debería estar, pero, sin embargo, a menudo se encuentra. Esto, aunque parezca de locos, es así. Y si no, pensemos cuántas veces estamos trabajando delante de nuestro ordenador y de momento, nos encontramos perdidos en el viaje que vamos a hacer el fin de semana... Tras esto, volvemos a mirar la pantalla que tenemos delante, tecleamos un poco más pero sin mucho convencimiento y volvemos a irnos al pasado a recordar la última bronca del jefe, porque no tuvimos el trabajo a tiempo. Sí, aunque esto es un gran despiste continuo, es lo que suele pasar por la mente de un ciudadano medio sin entrenar en atención plena.

El viajar de un tiempo a otro es demasiado frecuente y muchas veces es la causa de un bajo rendimiento laboral o académico, o de un descontento crónico con la vida. Porque, si no somos capaces de concentrarnos en nada, difícilmente seremos capaces de disfrutar de nada. Si el lector no cree que esto sea así, lo invitamos a que haga un breve análisis de cuál es el contenido de su mente habitualmente; verá que se asemeja más a la actividad de un mono loco saltando de rama en rama que a la placidez de las aguas en calma de un lago en primavera. Cuando para rendir debería ser exactamente al contrario. Por ello, el gran avance y popularidad de técnicas como el *mindfulness* o el yoga en nuestra sociedad occidental. En estas páginas nuestra propuesta es el flujo.

> Aprende a fluir y, además de disfrutar intensamente de la vida, aprenderás a aquietar la mente y hacerte dueño del presente, de tu propio presente.

Como nuestro objetivo es el aprendizaje del flujo, y nuestra propuesta para permanecer conscientemente presente en lo que vives, es el flujo. Te recordamos que sería muy positivo que junto al cuestionario de perfil temporal que te hemos presentado en las páginas anteriores, no te olvidaras de realizar los ejercicios de autoevaluación del flujo. De esa manera te ayudarás a alcanzar la experiencia de flujo y consecuentemente aprenderás a centrar tu mente en el presente, que, como venimos diciendo, es otra muy buena fórmula para suspender la mente en *lo que es*, inmersos en la actividad de tu elección.

Al fluir, alcanzamos un equilibrio entre nuestras capacidades y los retos inherentes a la actividad que estamos realizando. Con el tiempo vamos adquiriendo capacidades nuevas, por lo que debemos ir aumentando las metas para conseguir continuar en flujo y no caer en la apatía o el aburrimiento. Para ello, como decimos, necesitamos tener la mente completamente centrada, inmersa en la tarea que estamos realizando. Es en esos momentos cuando entramos en el *reino del ahora*... el tiempo queda en suspenso... se distorsiona completamente... se ralentiza... o se acelera... ¡desaparece!... Así, tenemos una experiencia increíble al margen del tiempo. Una vivencia producida únicamente gracias a que hemos sabido concentrarnos intensamente, lo cual ha originado una experiencia atemporal intensa. Esta percepción del tiempo totalmente alterada es increíblemente plácida, nuestra consciencia alcanza la armonía plena, alejando de ella cualquier tipo de pensamiento o sentimiento negativo.

Alcanzar el orden en la consciencia es una habilidad enriquecedora para nuestra vida, impulsa nuestro crecimiento personal y favorece nuestra salud mental. Además, hacerlo mediante una experiencia de flujo es la manera más fácil y satisfactoria de conseguirlo. Es tan sencillo como buscar una actividad que de verdad nos guste y empezar a practicarla, marcándonos retos más elevados cada día y obteniendo el *feedback* necesario sobre el desarrollo de nuestra acción. De esta forma, adquiriremos el hábito de practicar a diario, realizando un esfuerzo, pero sin esfuerzo. Con estas condiciones, iremos poco a poco elevando las metas de nuestra actividad, pero no demasiado para que la práctica no conlleve ansiedad, recibiendo *feedback* sobre nuestra ejecución de la tarea.

Esta es la fórmula mágica para detener el tiempo, para fluir con el tiempo. El flujo se erige en maestro del presente, un presente que traerá grandes beneficios a nuestra vida. Y, lo mejor, conquistaremos el *ahora* sin esfuerzo, nada más que con empeño, sin tener que pasar por disciplinadas clases de duras prácticas que nos lleven a la meta, tan solo con ganas de practicar nuestra actividad favorita y dejándonos ir con ella.

> Esta es la enseñanza del maestro flujo: disfruta con lo que haces, déjate fluir con ello, persigue alcanzar tu meta con una decisión firme pero con un esfuerzo sereno. Amablemente centra tu atención, y conseguirás alcanzar tu propia experiencia óptima, que nace en el ahora, crece en un ahora que te lleva hasta el reino de la serenidad, tu propio reino, conquistado por ti con plácido esfuerzo.

Podríamos decir que el flujo es una suerte de meditación informal en la que nos hacemos completamente presentes, bien centrados en el aquí y ahora, en comunión con nuestra actividad, deteniendo el tiempo y la mente. En flujo somos conscientes de lo que hacemos mientras que lo hacemos, lo cual es puro *mindfulness*, pura presencia, la *mente de mono* cesa, disipándose las cavilaciones. Somos uno con la tarea que estamos efectuando. La consciencia está centrada y no vaga errática. De esta manera el maestro flujo nos va acostumbrando a mantenernos centrados, presentes, instalados en el ahora. En el fondo se trata de ir aprendiendo a volver a retomar la presencia tras los momentos de ausencia de la mente en la que esta divaga. Cada vez que volvemos a *nosotros mismos*, a nuestro ser, nos hacemos presentes y de esto se trata de domar la *mente de mono* y disfrutar del presente. Fluir, por tanto, es una forma de meditación informal con beneficios cercanos a los de la meditación formal, que son muchos: incremento de la felicidad, mayor bienestar, mejor salud, mayor concentración... etc.

Diario de práctica de flujo en el ahora

El anotar diariamente tus vivencias de flujo al realizar las actividades de tu elección, puede constituir una interesante práctica para conseguir darte cuenta de tus avances y dificultades. En este caso se trata de realizar una autoevaluación de la calidad de la experiencia, pero desde la perspectiva de la atención plena y vivencia del presente. Para evaluar el flujo, en el capítulo 4 hemos presentado unos cuestionarios excelentes. Pero de todas formas, el diario que presentamos a continuación es tan completo que no solo evalúa la vivencia del ahora, sino que sirve también para hacernos reflexionar sobre la calidad de la experiencia en general. La desventaja que podemos encontrar es que puede resultar un poco largo para completar. Aunque lo de menos son las explicaciones exhaustivas; lo importante es la reflexión profunda sobre la experiencia y la breve descripción de la misma para que a lo largo de los días podamos hacer un estudio general y así tener ocasión de ver los avances y las dificultades. De esta manera podremos tener argumentos de valor para emprender acciones de mejora y caminar siempre en la senda de la evolución continúa para la superación personal diaria.

Ejercicio 32. Diario de flujo en el ahora

■ Día en el que tuviste la experiencia de flujo:

_____

■ Hora en la que tuviste la experiencia de flujo:

_____

(Continuación del ejercicio)

■ Tipo de actividad que te llevó a tener la experiencia de flujo:

_____

■ Grado de concentración (0 nulo -10 máximo) durante la práctica:

_____

■ Tiempo de duración de la actividad:

_____

■ Grado de flujo (0 nulo -10 máximo):

_____

■ Describe la experiencia de flujo:

_____

_____

_____

_____

■ Grado de bienestar (0 nulo -10 máximo) durante la práctica:

_____

■ Describe las sensaciones de bienestar durante la práctica, si las hubo:

_____

_____

_____

_____

■ Grado de tensión (0 nulo -10 máximo) durante la práctica:

_____

(Continuación del ejercicio)

■ Describe las sensaciones de tensión durante la práctica si las tuviste:

_____

_____

_____

_____

■ Describe las sensaciones físicas generales durante la práctica:

_____

_____

_____

_____

■ Describe las emociones durante la práctica:

_____

_____

_____

_____

■ Describe los pensamientos durante la práctica:

_____

_____

_____

_____

■ Grado de dominio de la actividad (0 nulo -10 máximo):

_____

(Continuación del ejercicio)

■ Describe las dificultades encontradas durante la práctica, si las hubo:

_____

_____

_____

_____

■ Grado de presencia en el ahora (0 nulo -10 máximo) durante la práctica:

_____

■ Describe la vivencia de habitar en el ahora durante la práctica:

_____

_____

_____

_____

El flujo, un camino hacia la trascendencia

Como hemos visto, fluir constituye una sensación única que trasciende nuestros sentidos, pero, para alcanzarla, debemos de mantener una actitud adecuada. Al igual que sucede cuando queremos meditar, cuando intentamos fluir como consecuencia de la realización de alguna actividad, debemos afrontar el momento presente con un estado mental especial hacia la experiencia que se nos sobreviene. Esta actitud debe presentar ciertas características especiales:

- Apertura.
- Curiosidad.
- Aceptación.
- Actitud de no juzgar.
- No empeñarse en el objetivo.
- Paciencia.

- Perseverancia.
- Confianza.
- Constancia.
- Mente de principiante.
- No esforzarse.

Estas cualidades de la experiencia, precisas para conseguir la meta del flujo, nacen de la decisión de mantener una mente abierta a la experiencia, en donde nos ponemos en contacto con nosotros mismos en un estado de presencia absoluta. En este estado de consciencia no dejamos que penetren las preocupaciones cotidianas, pero esto lo hacemos sin forzar nada, de forma natural.

Se trata de iluminar la mente enfocándola hacia la tarea que deseamos dominar, en un esfuerzo *no esforzado*; es decir, dirigiendo toda nuestra intención hacia el objetivo, de una forma en la que trabajen todo los sistemas de una mente centrada en el éxito, una mente abierta a la aceptación de lo que es.

Para el ciudadano occidental, un estado de presencia auténtica le resulta difícil de comprender y de alcanzar. Sin embargo, esta apertura al presente y la aceptación de la realidad a un meditador avezado, le resultaría algo completamente familiar, ya que estas circunstancias son inherentes al proceso de meditación. Por ello, encontramos hermanados el *mindfulness* y la experiencia de flujo. En ambas prácticas, la coherencia cerebral es alta, la mente permanece sincronizada y presente y no se disgrega fácilmente.

Por todo ello, debemos acercarnos al estado de flujo con una mente abierta a la experiencia, sin miedo, sin juzgar, con actitud curiosa y amable, con confianza y mucha paciencia. Solo de esta manera podremos disfrutar de nuestras actividades como deseamos y solo así podremos alcanzar una mente en equilibrio que nos catapulte hasta la añorada experiencia de flujo.

En flujo no solo alcanzaremos el disfrute propio de realizar con éxito una actividad que nos guste manteniendo una mente concentrada, sino que abriremos unas vías nuevas de la consciencia hacia lo inefable, hacia aquello que nos trasciende, alcanzando unas vivencias completamente nuevas, que nos llevan hasta regiones de nuestro cerebro bastante desconocidas.

Esto no nos debe sorprender, no necesitamos ser monjes para conquistar nuevos estados del ser donde nuestra consciencia se encuentre conmovida y revitalizada. Cualquier persona abierta a nuevas experiencias y fascinada con alguna actividad, si persiste, puede ser capaz de alcanzar estas nuevas cotas mentales de consciencia. El hacerlo a través de la meditación o del flujo, depende ya de los gustos individuales del practicante. Los objetivos y la práctica, desde luego, son completamente distintos, pero sin duda no se puede negar que la armonía de la consciencia sea similar en ambos.

Ejercicio 33. Diario de flujo trascendente

■ Describe alguna experiencia de flujo extraordinaria que hayas vivido:

_____

_____

_____

_____

_____

_____

_____

_____

_____

_____

_____

_____

Beneficios de alcanzar la armonía de la consciencia a través del flujo

¿Y para qué sirve alcanzar la armonía de la consciencia? Los beneficios de la conquista de estos nuevos estados mentales se asemejan mucho, salvando las diferencias, a los de la meditación, pues ambas se mueven en los mismos registros mentales.

La primera consecuencia positiva de alcanzar la armonía de la consciencia sería, por supuesto, la felicidad que inducen estos estados de consciencia únicos. La mejora del estado de ánimo es una consecuencia lógica de practicar actividades en las que se alcance el estado de flujo como ya hemos visto. Pero ahora estamos analizando las consecuencias positivas de la consecución de alcanzar estos estados de consciencia genuinos y únicos, y encontramos que la mejora del estado de ánimo es una constante. La persona practicante se encuentra de mejor humor, con una clara disminución de estados depresivos o de ansiedad, también disminuye la frecuencia e intensidad de la ira, se somatiza menos, aumenta la sensación de autocontrol emocional y mejora la calidad del sueño. Fisiológicamente también hay beneficios en la regulación de la presión arterial y un aumento del número de anticuerpos (NK).

Como hemos visto, la persecución de estos estados de consciencia acarrea extraordinarios beneficios físicos y psicológicos, por lo que no resulta baladí que nos empeñemos en practicar. Pero en lo que debemos insistir es en que no debemos practicar buscando estos beneficios. El esfuerzo está reñido con la consecución de los mismos; debemos dejar fluir nuestra mente en un denodado *esfuerzo sin esfuerzo*, ella sabe encontrar el camino de la trascendencia y llevarnos a alcanzar la armonía mental deseada. Tan solo debemos dejarnos ir hacia el reino del flujo, con un paso suave y una práctica constante. Nuestro cuerpo y mente saben orientarse perfectamente, únicamente debemos caminar hacia el rumbo adecuado, sin dejar de practicar, con el deseo genuino de pasarlo bien, sin enredarnos en la consecución de récords apetecibles que nos puedan tensar demasiado y dificultar nuestro camino hacia el éxito no buscado pero posiblemente encontrado.

Ejercicio 34. Fluir hacia la armonía de la consciencia

■ Explica si crees haber conseguido alcanzar alguna vez la armonía de la consciencia durante una experiencia de flujo y por qué:

_____

_____

_____

_____

(Continuación del ejercicio)

■ Describe la experiencia anterior en la que creíste haber alcanzado la armonía de la consciencia:

_____

_____

_____

_____

_____

_____

_____

_____

■ Describe cómo mejoró tu salud o tu estado de ánimo tras la experiencia:

_____

_____

_____

_____

_____

_____

_____

Puntos clave

¿En qué tiempo habitamos?

El ser humano transita de forma habitual por un tiempo que no le corresponde. Del presente salta continuamente al pasado para reevaluar su situación comparándola con tiempos pretéritos, pero, sobre todo, salta al futuro. La mente inquieta no se identifica con un presente que no se le antoja demasiado atractivo; así, transitando en un círculo de *quiero más*, de continuo, viaja al futuro. Cree que es en el futuro donde será feliz.

El flujo como maestro del presente

El gran logro es encontrar el *Carpe diem* de la vida, disfrutar del presente, que es la única realidad que tenemos, mientras viajamos al pasado que nos protege y al futuro que nos impulsa. Para hallar nuestro *Carpe diem* vital, proponemos practicar *mindfulness* que nos mantiene centrados y nos va a ayudar a alcanzar el flujo, donde encontraremos retazos de felicidad.

El flujo, un camino hacia la trascendencia

En flujo no solo alcanzaremos el disfrute propio de realizar con éxito una actividad que nos guste manteniendo una mente concentrada, sino que podremos abrir unas vías nuevas de la consciencia hacia lo inefable, hacia aquello que nos trasciende, alcanzando unas vivencias completamente nuevas, que nos llevan hasta regiones de nuestro cerebro absolutamente desconocidas.

Beneficios de alcanzar la armonía de la consciencia a través del flujo

La persona practicante se encuentra de mejor humor, con una clara disminución de estados depresivos o de ansiedad, también disminuye la frecuencia e intensidad de la ira, se somatiza menos, aumenta la sensación de autocontrol emocional y mejora la calidad del sueño. Fisiológicamente también se observan beneficios en la regulación de la presión arterial y un aumento del número de anticuerpos (NK).

7

FLUJO ÍNTIMAMENTE COMPARTIDO O AUTOEXPANSIÓN

Cuando compartes tu actividad favorita con la compañía perfecta, sientes que pierdes la noción del tiempo y tu ser se eleva por los cielos, es que te has dejado mecer en los brazos de la autoexpansión.

Toda persona que busque su propio crecimiento personal, sin duda también andará detrás de compartir su propia felicidad. Pero los caminos que llevan hasta el crecimiento y la felicidad no son sencillos, sino intrincados y pedregosos en ocasiones. Por ello quizá deberíamos poner especial interés en mejorar la calidad de nuestra experiencia, que atrae momentos únicos e irrepetibles en los que nos extasiaremos y sentiremos que la vida es digna de ser vivida.

Es cierto que si somos observadores sagaces o personas empeñadas en cultivar nuestro desarrollo personal, sabremos que, además del flujo, existen otras experiencias capaces de elevar al ser humano por encima de sus capacidades y transmutar su experiencia cotidiana en experiencia única. Estos fenómenos son: experiencia cumbre, rendimiento cumbre, elevación, éxtasis, patrones de alto desempeño, flujo y ahora explicaremos un fenómeno nuevo: la autoexpansión o flujo compartido.

La autoexpansión es un fenómeno positivo vivencial, mucho menos conocido, pero no menos importante que los anteriores. Es un término acuñado por Arthur Aron (1986) de la Stony Brook University de Nueva York y Gary W. Lewandowski Jr., psicólogo de la Universidad Monmouth de Nueva Jersey.

Definición de autoexpansión
Este fenómeno es una vivencia afectiva, especialmente sentida, que puede conllevar incluso alteraciones físicas, experimentadas con satisfacción. Mientras experimentamos esta vivencia se alcanza la íntima unión con el otro, lo que trasciende todos los sentidos, incorporando en nuestro más íntimo ser a la otra persona, expandiendo nuestra propia identidad más allá de nuestros propios límites. Las emociones del otro son sentidas como propias, su contemplación nos exalta, y nos conmueve su esencia que es interiorizada como nuestra. Se trata en suma, de una auténtica experiencia de flujo máximo en compañía.

Este fenómeno es siempre una vivencia compartida entre dos personas, que se suele dar cuando ambas están participando de una misma experiencia, generalmente actividades estimulantes y novedosas. Estas vivencias se sienten de forma afectivamente positiva, por lo que se tiende a repetirlas, pero siempre buscando ganar en complejidad —como ocurría con la experiencia del flujo individual—, con lo que se dará la expansión del ser y de la pareja o amistad. Es un camino breve para alcanzar la unión, la trascendencia y la fusión de identidades.

Es también siempre una vivencia compartida con *otro*, no es una experiencia que se pueda dar en solitario; siempre tiene que resultar de la íntima unión del yo de dos personas y debe conllevar disfrute. Estas dos personas pueden ser tanto amigos especiales o parejas románticas. Es igual, el fenómeno es el mismo, lo importante es la calidad de la intimidad que crezca entre las partes.

Aunque la literatura se ha centrado mucho más en el estudio de parejas unidas por lazos sentimentales, nosotras, en este trabajo, no quisiéramos poner puertas al mar, sino dejar abierto todo el discurso a la autoexpansión, independientemente del tipo de relación que mantengan las personas implicadas.

La teoría de la autoexpansión visualiza el deseo de la expansión del yo como una motivación para todas las actividades humanas.

Las actividades novedosas y excitantes pueden crear la autoexpansión fuera del contexto de las relaciones, como el aprendizaje, la carrera, la familia, las amistades, los deportes, los viajes, la autoexpresión artística, la política, la religión y las experiencias cumbre en la naturaleza.

¿Qué es el flujo íntimamente compartido o autoexpansión?

La autoexpansión es un fenómeno de flujo vivencial que se da cuando dos personas en íntima unión alcanzan un estado de crecimiento del yo a través del cual crecen como personas, fortaleciéndose los lazos de intimidad experimentados entre ambas.

Fenomenológicamente es una vivencia de flujo, pero va más allá del mero flujo. Es una experiencia expansiva y resulta altamente satisfactoria para las partes implicadas, que se sienten formar parte de algo compartido más grande que ellos mismos. La unión se experimenta como más fuerte y más placentera que la soledad, y a través de esta unión crecen los protagonistas y se nutren de una fuerza desconocida que les eleva por encima de sus capacidades y hace trascender su propio yo. Ambas personas se sienten fundir en una amalgama de personalidades que siendo diferentes de la propia se sienten como propias. Una vivencia enriquecedora que transforma el ser, lo complejiza y lo hace crecer. El catalizador son las actividades novedosas, excitantes y complejas, cuidadosamente seleccionadas.

> En palabras de Aron y Aron (1996): «La autoexpansión es un estado de crecimiento en la diversidad y en la complejidad del yo (crecimiento personal), y es común a toda experiencia satisfactoria»… «Iniciamos relaciones porque otra persona se convierte en parte de nosotros mismos, y eso expande nuestro ser».

Es por eso que las personas que se enamoran pueden permanecer horas conversando y lo toman como una experiencia estimulante. Pensamos que las parejas pueden recuperar algo de ese sentimiento planteándose desafíos y encarándolos juntos.

Según la teoría de los estados de autoexpansión, las personas se encuentran motivadas para expandir el yo o crecer internamente; esto es, persiguen la complejidad y diversidad del yo buscando experiencias, habilidades o conocimientos nuevos. Este deseo de expansión del yo se concibe como una *motivación humana central*, que dirige gran parte de la vida y la conducta de los individuos.

¿Cómo se consigue alcanzar la autoexpansión?

Para conseguir aumentar la complejidad del yo y autoexpandirse, las personas recurren de forma natural a establecer lazos de intimidad con personas cercanas donde se procura por mera motivación intrínseca (cuando hacemos las cosas por el mero placer de hacerlas) que la esencia del *otro* quede disuelta en el propio yo. Así, el yo crece y se completa, resultando esta experiencia altamente satisfactoria, sobre todo en el amor romántico.

El modelo de autoexpansión plantea que aquellas parejas que realizan conjuntamente cierto tipo de actividades emocionantes y activadoras se encuentran más felices, satisfechas, e íntimamente conectadas. También afirma que aquellas parejas que participan en actividades placenteras, simplemente informan de una menor calidad de la experiencia, que aquellas que realizan actividades excitantes o emocionantes. Por lo que el sello de distinción entre un tipo de parejas y otras, se encuentra en el tipo de actividades realizadas en conjunto. Pero no debemos caer en el desánimo si tras la autorreflexión sobre nuestra pareja percibimos que normalmente no compartimos actividades excitantes con ella, pues es lo más frecuente en muchas parejas, sobre todo cuando ya llevan un tiempo juntas en una vida rutinaria y poco creativa.

Sin embargo, ahora que conocemos las bondades de hacer partícipe a nuestro otro yo de nuestras propias aficiones, poco a poco podremos ir trabajando este aspecto, realizando un esfuerzo común. Se trata de perseguir una misma meta, que por el simple hecho de buscarla ya va a enriquecer la relación, entrando en una espiral de complicidad compartida.

Afortunadamente, la experiencia de autoexpansión o flujo compartido resulta con el tiempo una vivencia buscada de forma intrínseca; es decir, por el mero placer derivado de la experiencia, ya que termina siendo afectivamente positiva. Por ello, las personas se comprometen con este tipo de experiencias, que hacen crecer no solo el yo propio, sino la relación misma. Se podría decir que se trata de una intensa experiencia de flujo, que trasciende el propio flujo y encuentra consecuencias positivas más allá del mero placer.

Por otro lado, el tipo de actividad que puede llevar a la persona al fenómeno de la autoexpansión, puede ser tanto de ocio como de trabajo; lo importante en sí es la vivencia de la experiencia, cómo la pareja pasa su tiempo, tanto si este es libre como si no lo es. Por ello, el pasar más tiempo con la pareja no es un factor determinante a tener en cuenta, ya que lo importante es la calidad del tiempo compartido. El participar en actividades comunes afectivamente emocionantes, novedosas, complejas, y muy participativas, según el modelo descrito, es lo que va a determinar la calidad de la pareja en este sentido. Cuando esta se encuentra afectivamente involucrada en este tipo de actividades, es cuando ambos van a experimentar el fenómeno de la autoexpansión, vivenciando un crecimiento propio, y una disolución de los límites de su ser, incorporando aspectos de la personalidad del otro en el yo propio.

Cuando la pareja se empieza a contemplar como una fuente para conseguir la autoexpansión propia, la misma se afianza, se fortalece y se asume como afectivamente deseable.

Cuando se comienza una relación de pareja, se comparten una serie de actividades y una especie de ensayo y error guiará el camino. Al principio los retos son altos y la novedad por sí misma será suficiente para que la pareja se encuentre motivada y excitada. Pero, con el tiempo, si no se trabaja el tipo de actividades compartidas, aumentando la complejidad y afecto, la nueva pareja puede ir cayendo en el temible aburrimiento, auténtica carcoma del amor romántico. Por ello, los miembros de la pareja deberán intentar incorporar nuevos repertorios de conducta y de actividades que les lleven a experimentar el fenómeno de la autoexpansión de forma auténtica. No obstante, sabemos que el amor romántico se transforma y no es el que fundamenta a la larga a las parejas. De hecho, romper una pareja solo porque desaparezca el romanticismo y disminuya la excitación y la novedad puede ser un craso error. Empeñarse en mantener de continuo la excitación y la novedad incluso puede estresar a la pareja.

Autoexpansión y flujo

Una revisión teórico-conceptual comparativa entre los procesos de flujo y la autoexpansión nos lleva a concluir en que ambos fenómenos presentan características comunes, e incluso que la autoexpansión es una forma especial de flujo, flujo íntimamente compartido.

En palabras de Marisa Salanova: «La satisfacción no se encuentra en los resultados, sino en el proceso de la actividad en su conjunto, lo cual permite una sensación más prolongada».

(Salanova, Martínez, Cifre, y Schaufeli, 2005, p. 90).

Esta característica también se puede hacer común a la autoexpansión como proceso, que aunque finalmente busque la unión de la persona elegida y la complejidad y expansión del ser, también se busca por la emocionalidad positiva que conlleva como vivencia fenomenológica y no tanto por la consecución de sus aún apetecibles metas.

Por otro lado, tanto la autoexpansión como la experiencia de flujo por sí misma son fenómenos inherentemente motivantes; es decir, que nos gusta experimentarlos por el mero placer de experimentarlos, sin necesidad de buscar motivaciones externas para repetirlos. En el caso del flujo, si cuando llevamos a cabo una secuencia de comportamientos al realizar una actividad, nos sentimos completamente implicados y disfrutamos con su ejecución, probablemente hayamos alcanzado una experiencia de flujo. Y eso conllevará un incremento de la motivación para repetir esa tarea por sí misma, por el mero hecho de realizarla.

En este caso diremos que la actividad efectuada nos resulta intrínsecamente motivante, por lo que concluimos que la motivación para volver a realizar la actividad parte de la experiencia por sí misma. Esto mismo encontramos que sucede con el fenómeno de la autoexpansión, este estado conlleva un afecto tan positivo, que puede ser deseable por pleno derecho, sin la necesidad de resultar positivo por los efectos de expansión y complejidad del ser que conlleva.

En general, las teorías sobre motivación tienden a presentar una laguna importante, y es que la literatura científica al respecto se esfuerza en explicar las causas de la conducta en términos funcionales, es decir, pueden descuidar la calidad de la experiencia. Se olvidan de la vivencia fenomenológica de la persona primando los resultados de la acción; esto resulta un olvido importante, porque según sugiere:

> Csikszentmihalyi, (2009a, p. 188) «la experiencia del flujo es una fuerza motivadora poderosa».

Esto mismo podemos afirmar que sucede con la autoexpansión, la cual presenta una vivencia fenomenológica muy potente, que incluso puede perfectamente también participar de un estado de flujo intenso. La complejidad del ser se da en los dos fenómenos, como prueban los modelos de canal de Csikszentmihalyi.

En relación con la activación necesaria para conseguir alcanzar la experiencia de flujo, podemos recurrir para su explicación, a la teoría del nivel óptimo de activación (Yerkes y Dodson, 1908).

> La teoría de Yerkes y Dodson plantea la relación entre activación y rendimiento. En líneas generales esta teoría se explica con el modelo gráfico de curva en U invertida; esta figura ayuda a comprender de forma sencilla la relación entre las dos variables citadas. La mencionada teoría postula que el mejor rendimiento se va a llegar a alcanzar con niveles medios de activación, de manera que según va aumentando el nivel de activación, el rendimiento va mejorando progresivamente. Y a la inversa; es decir, cuando el nivel de activación se encuentra por debajo del nivel medio, el rendimiento disminuye, lo que ocurre porque la persona que ejecuta la acción no se encuentra activada suficientemente; pero, sin embargo, cuando el sujeto se sienta sobreactivado, no será capaz de canalizar toda la energía que en ese momento presente y por tanto el rendimiento también decaerá.

La anterior teoría explicada pone en relación conceptos como activación y rendimiento, detallando las relaciones entre ellos; como por su parte hacen en cierto modo, todos los modelos de flujo de canal. Los anteriores autores describen las relaciones entre retos y habilidades, dependiendo de las cuales, la energía se va a conservar o a expandir; como vemos, en este caso como en el anterior, el concepto de energía está presente.

Para Csikszentmihalyi (2009a) la atención es la energía de la conciencia, dándose en ella algunos procesos de suma importancia. Cuando nuestra energía entra en un ciclo de expansión, se debe a que nuestra consciencia se encuentra en una fase armónica, en la cual tanto la atención como la concentración son máximas, es en esos momentos cuando fluimos.

A la condición psíquica que se experimenta cuando alcanzamos una experiencia óptima la llama *negentropía*. Esta tiene lugar cuando conseguimos que todos los contenidos de la consciencia se encuentren, primero, en armonía entre sí y segundo, en armonía con las metas del yo; la circunstancia contraria de desorden en la conciencia, también se da, y a esta se la denomina entropía psíquica, que suele ser el estado habitual en el cual nos encontramos.

La anteriormente citada condición de negentropía en la conciencia que conlleva el estado de flujo es una de las experiencias que con mayor probabilidad va a inducir a repetir la tarea efectuada, esto es, por motivación intrínseca.

En concreto, Csikszentmihalyi (2009b) explica que, según sus estudios, existen dos tipos de experiencia susceptible de ser gratificante y por tanto motivante.

Si recordamos los distintos canales de flujo expuestos por el mencionado autor, encontramos que uno de ellos se correspondía con la relajación (habilidad alta y reto bajo), lo que implicaba la conservación de la energía; y el canal más positivo de los ocho descritos (habilidad alta y reto alto) que se correspondía con el flujo, lo que conlleva una expansión de la energía.

Cualquiera de las dos experiencias nos resultan agradables y motivantes, y las podemos buscar por sí mismas, además, a las dos se las concede importancia evolutiva, aunque ambas parezcan contrarias y motiven de forma diferente.

Con la experiencia de flujo buscamos incrementar nuestras competencias para hacer frente a desafíos cada vez más importantes (expansión), en consonancia con la estructura de intereses de la persona. Por el contrario, con la relajación, pretendemos buscar un merecido descanso para reponernos y poder continuar expandiéndonos (flujo y autoexpansión).

Aunque el concepto de energía no se encuentra relacionado con el fenómeno de la autoexpansión dentro de la literatura, una vez repasado el citado concepto, encontramos que este se puede asimilar fácilmente al estado de autoexpansión, el cual sin duda requiere también de una condición de negentropía en la consciencia para conseguir ese momento de expansión y diversidad del ser. Un dato que sí que encontramos en la literatura sobre autoexpansión es que la calidad de la relación romántica se potencia cuando la pareja se ve inmersa en actividades activadoras, en detrimento de las no activadoras.

Como hemos visto, probablemente la mejor forma para encontrarse predispuesto y motivado para efectuar una actividad sea haber alcanzado la experiencia de flujo al ejecutarla. Este estado especial en el que encontramos gran disfrute, diversión y concentración es tan placentero que intentaremos repetirlo una y otra vez por el mero placer de alcanzar la citada experiencia. Es un estado que conlleva gran afecto positivo; de hecho, las personas que fluyen con frecuencia se estima que son más felices que las que no lo hacen. La autoexpansión, en tanto proceso, conlleva también gran emocionalidad positiva, por lo que resulta altamente agradable y origina la apetencia de repetir la experiencia.

Por todo lo visto, podemos concluir que la experiencia óptima o estado de flujo y autoexpansión son fenómenos hermanados que presentan una serie de características comunes y que en ocasiones pueden concurrir participando uno de la fenomenología del otro, probablemente hasta un punto en el que se difuminen los extremos y resulten un mismo fenómeno.

Flujo, autoexpansión y emocionalidad

Como hemos visto, el flujo y la autoexpansión son fenómenos relacionados. En relación con el flujo y el afecto positivo o bienestar psicológico formularemos una reflexión tan interesante como compleja: ¿Cuál es la relación entre el fluir y el bienestar psicológico o felicidad? La contestación inmediata que daríamos tras lo explicitado anteriormente sería que ambos estados deben de ser lo mismo; pero en realidad, las cosas no son tan sencillas.

Cuando una persona alcanza el estado de experiencia óptima, no consigue exactamente sentirse feliz, porque su concentración es tal y su fusión con la actividad tan intensa, que no hay lugar para otro sentimiento añadido. En realidad si durante el proceso de flujo nos cuestionáramos hasta qué punto somos felices en esos instantes, ese pensamiento constituiría una distracción impertinente e incompatible con la experiencia óptima. La felicidad puntualmente puede constituir una distracción durante el proceso de flujo. Sin embargo, sí nos sentiremos felices si tras los instantes de flujo y una vez concluido este, nos interrogamos sobre la felicidad inherente a este deseado estado, y nuestro sentimiento concuerda efectivamente, con estas vibraciones de felicidad. Es decir, tan solo concluida la atractiva actividad podremos permitirnos el lujo de experimentar dicha o bienestar psicológico.

Csikszentmihalyi y Hunter (2003) matizan la relación entre bienestar psicológico y flujo, afirmando que no es la intensidad del flujo lo que se encuentra relacionado con el bienestar psicológico, sino que los niveles de este dependen realmente del tiempo pasado en flujo; es decir, aunque una persona experimente un altísimo nivel de flujo en alguna actividad específica, su bienestar psicológico no tiene por qué verse incrementado en concreto por esta eventualidad; estos mismos resultados se han visto replicados más en la actualidad en otras investigaciones sobre flujo.

De acuerdo con este argumento se puede afirmar que con el paso del tiempo, podemos observar que cuanto más flujo somos capaces de conseguir en nuestras vidas, más felices y satisfechos nos sentiremos. Por otra parte, si la actividad que nos origina flujo es más compleja, enriquecedora, y nos ayuda a crecer personalmente, experimentaremos mayores niveles de bienestar psicológico, que si, por el contrario, realizamos actividades que aunque también puedan resultarnos productoras de flujo, no contribuyan en manera alguna a nuestra propia autorrealización.

Por ello Csikszentmihalyi (2009a) se atreve a aseverar que el modelo de flujo se considera la teoría líder del bienestar psicológico o felicidad, dando a entender que así lo cree también la comunidad científica.

Como fácilmente podemos entender, estos argumentos en relación con el flujo y el afecto positivo se pueden fácilmente extrapolar salvando las diferencias, al fenómeno de la autoexpansión. Ambos estados se caracterizan por ser universales, afectivamente positivos e intrínsecamente motivadores.

El presentar niveles altos de afecto positivo nos lleva a involucrarnos en actividades complejas, novedosas y excitantes, de donde se desprende que es fácil que las citadas actividades nos produzcan a su vez importantes niveles de afecto positivo, dándose la circularidad del fenómeno. Estos niveles de emocionalidad positiva a su vez, pueden crear una sensación de autoexpansión muy satisfactoria para el crecimiento y unión de la pareja participante de este tipo de experiencias. Por tanto, el afecto puede resultar un claro mediador entre la activación y la calidad de la relación experimentada.

Cómo son las actividades de autoexpansión y cuándo se dan

Para que las actividades lleguen a provocar el fenómeno de la autoexpansión, es necesario que cuenten con dos tipos de características principales capaces de expandir el yo, que son, en el siguiente orden:

- La novedad
- La excitación

1. La *novedad* es la primera cualidad fundamental de estas dos características, y sin novedad probablemente no se pueda experimentar la autoexpansión. Las actividades repetitivas hacen caer a las personas en una suerte de monotonía incapaz de producir fenómeno expansivo alguno. Es precisamente la novedad la que hace que el yo crezca y cada vez se vuelva más complejo, sumergiéndose en las profundidades de la esencia de la persona amada o cercana. Además, nuestro cerebro responde a las novedades. Las rutinas sirven para economizar esfuerzos y facilitar las respuestas. Y ambas son posibilidades creadas biológicamente para el crecimiento y evolución humanos.
2. Respecto a la segunda característica, la *excitación*, encontramos que todas las experiencias nuevas pueden resultar excitantes. Sin embargo, el debate lo encontramos en si aquellas experiencias no novedosas pue-

den llegar a resultar excitantes. Algunos autores afirman que la novedad es un componente intrínsecamente necesario para que se dé el fenómeno de la autoexpansión. Parece que la excitación sola, no produce autoexpansión; sin embargo no todas las actividades novedosas son susceptibles de provocar autoexpansión, por lo que la excitación es otro factor necesario para originar este tipo de experiencias tan deseables.

En cuanto al contexto en el que se realiza la actividad, casi toda la literatura se ha enfocado al estudio de la autoexpansión en actividades de tiempo libre. Nosotras nos atrevemos a preguntarnos: ¿Puede facilitarse la autoexpansión cuando estas no se realizan en el tiempo libre? Aunque va más allá de la intención de este libro, especulamos sobre la extrapolación desde los estudios sobre los beneficios obtenidos en relación con la actividad física. Es decir, los beneficios a nivel físico y mental son mayores cuando la actividad física se realiza en el tiempo libre. O sea, que un cartero, por ejemplo, tiene más beneficio si recorre la misma distancia paseando en su día libre que haciendo su recorrido habitual de trabajo.

Al igual que en la teoría del flujo, se ha encontrado que también es posible el fenómeno de la autoexpansión en actividades de tiempo no libre, como podrían ser las actividades obligadas de la vida diaria, o incluso en actividades laborales. Sin embargo, parece que la calidad de la autoexpansión es mayor cuando ambos miembros de la pareja o el grupo interactúan en un contexto más lúdico. Resulta interesante que el fenómeno de la expansión, al igual que el del flujo, no quede circunscrito al contexto de tiempo libre, porque así las oportunidades de expansión aumentan de forma clara con el consiguiente incremento de unión de la pareja o grupo.

Fuentes de autoexpansión

Según sugiere la investigación sobre flujo, el contexto interpersonal donde se efectúa la actividad productora de este, adquiere en muchas ocasiones una relevancia fundamental. No es lo mismo realizar una actividad de flujo solo, que acompañado. Los retos necesarios en toda actividad intrínseca al flujo, pueden ser aportados por la presencia *del otro*.

La socialización puede devenir muchas veces en actividad de flujo, y si esta relación interpersonal es de calidad puede originar el doble fenómeno del flujo y de la autoexpansión o flujo compartido. Para ello se deben de dar una serie de características consustanciales a ambos fenómenos. Pero esta doble experiencia no es rara en este tipo de actividades sociales. Sobre todo si la relación es profunda y se da en un contexto de seguridad. En este tipo de experiencias además de fluir, nos enriquecemos con la presencia de la compañía, alcanzando mayores niveles de complejidad del ser, el cual se puede disolver en la esencia de la naturaleza de la otra persona, resultando todo ello una experiencia increíblemente satisfactoria que redundará en una mayor unión de la pareja o amistad.

A pesar de la importancia de la interrelación y el tipo de personalidad del contrario, la investigación sugiere que no debemos olvidar las características intrínsecas de la actividad a ejecutar, ya que si esta no presenta una serie de requisitos específicos, para que se dé el fenómeno de la autoexpansión, como pueden ser la novedad y la excitación o el equilibrio entre habilidades y retos, no se alcanzarán las experiencias deseadas. Por ello, parece que tanto el contexto interpersonal como la propia actividad a ejecutar, constituyen variables suficientes y necesarias para que se alcancen tanto el flujo como la autoexpansión. Sin embargo, independientemente de las actividades conjuntas desarrolladas en un momento puntual, aquellas personas que asociamos con experiencias activadoras, pasarán a ser relevantes para nosotros.

¿Cuánto dura el efecto del fenómeno de la autoexpansión en las personas?

Parece que de forma específica, la literatura no aclara cuánto duran los efectos inmediatos positivos de la autoexpansión en las personas, en tanto calidad de la relación y emocionalidad positiva. Como ya hemos explicado, se sabe que la activación mejora la calidad de las relaciones, pero lo que no se sabe es exactamente durante cuánto tiempo. Las escasas investigaciones en este sentido apuntan a que para que los efectos de la autoexpansión sean duraderos deben de traspasar un umbral mínimo de activación, al igual que parece que sucede en las experiencias de flujo, donde la vivencia debe ser excepcional para que pueda influir en el estado de ánimo. Tampoco se ha estudiado de qué forma hacen decaer las experiencias negativas los beneficios positivos de la autoexpansión sobre la relación. Aunque sí que parece estar claro que una alta frecuencia de experiencias de autoexpansión hace crecer y unir a las personas.

Con relación al tiempo pasado en estado de flujo, los estudios parecen estar algo más claros, se cree que la frecuencia del tiempo pasado en flujo es un fuerte predictor del nivel total de felicidad del individuo. Quizá esto sea por un efecto de acumulación total de experiencias, ya que se sabe que las experiencias óptimas se encuentran relacionadas con una amplia variedad de afectos positivos sobre el ser humano.

Respecto al crecimiento en complejidad del yo tras las experiencias de flujo, al principio no se tuvo en cuenta, tan solo consideraban al estado de flujo un simple resultado del equilibrio entre habilidades y retos. Sin embargo, con el tiempo los estudios fueron arrojando otro tipo de resultados, el mero equilibrio no llevaba a una experiencia óptima completa, sino que era necesario que los retos y las habilidades se fueran incrementando.

Con la escalada de variables componentes del flujo el yo alcanzaba cotas de complejidad superiores y la persona conseguía una expansión de su ser característica y plena de emocionalidad positiva.

Autoexpansión y flujo en actividades colectivas

Según afirman los estudios actuales, participar en actividades o rituales colectivos puede proporcionar diversos estados de flujo y de comunión emocional sobre las personas. Esta fusión de identidades, podría tratarse de una suerte de experiencia de autoexpansión pero en vez de con dos protagonistas, con varios, uno, el yo, y el otro, una colectividad.

Un ritual siempre es un comportamiento que se repite en un tiempo y espacio determinado, el cual presenta una serie de creencias y valores para las personas que lo practican. El ritual puede ser individual o colectivo, cuando se trata de un ritual colectivo es cuando puede alcanzarse tanto el estado de flujo como el de autoexpansión colectiva. El estado de flujo, también podría alcanzarse con un ritual individual si este conllevara las características necesarias para ello, pero no así la autoexpansión que necesitaría siempre de la participación de dos o más personas.

En las actividades colectivas, sean deportes de equipo, grupos de aprendizaje, compartir experiencias intelectuales o artísticas, comunidades religiosas…, se exhibe un fuerte componente de comunión emocional que hace expandirse el yo propio, que momentáneamente queda disuelto dentro de una colectividad que le trasciende a sí mismo, lo cual deriva en una estimulación afectiva recíproca capaz de fortalecer lazos y ensalzar afectividades mutuas. Todo ello resulta tan placentero que la persona se vuelve más fuerte; la fuerza del grupo o de la masa es su fuerza y el contagio interrelacional se hace patente. La persona y su yo es mucho más que uno, trasciende la individualidad y comulga de la expansión social. El yo queda desdibujado y disuelto en la colectividad, la personalidad queda fusionada con la de los demás, alcanzando un sentimiento de poder impensable desde el propio yo.

Autoexpansión e infidelidad

Mientras que en épocas pasadas la pareja era más una mera institución social y económica, en la actualidad las personas se vuelven mucho más exigentes con respecto a lo que concierne a su vida en común, de tal manera que además de una vinculación económica, conciben su unión como un trampolín desde el que crecer, madurar, desarrollarse y buscar la felicidad. El camino preciso para esta felicidad, según algunos autores, pasa por el fenómeno de la autoexpansión. Las personas que potencian este proceso son las que más felices y menos infieles resultan, mientras que aquellas que no lo hacen, caen en la rutina y el aburrimiento, con el consiguiente riesgo de buscar fuera lo que no se encuentra en casa, y por tanto sucumbir a la tentación de la infidelidad.

Las parejas que buscan conjuntamente crecer como personas, desarrollarse positivamente, acumular experiencias gratificantes y expandir su ser hacia el de la otra persona, son más felices y el amor les produce el mismo efecto analgésico que los propios analgésicos. Según estos estudios, cuanto mayor sea la experiencia de autoexpansión que se da en la pareja, más satisfecha y comprometida se encontrará esta. Para ello ambos se deben esforzar en realizar actividades novedosas y excitantes conjuntas. Intentar conocer al otro, mantener conversaciones íntimas frecuentes, ayudar a la pareja, ello producirá una expansión del sí mismo, que desdibujará los límites personales entrando en una comunión interpersonal con la misma, fuente de gran crecimiento, compromiso, afecto positivo y satisfacción.

Con el tiempo las parejas felices que más experiencias de autoexpansión acumulan tienden a encontrar difuminadas sus características personales propias, encontrando que no se sabe a ciencia cierta, qué tipo de rasgo era propio y cuál se ha incorporado del repertorio básico de conductas del otro.

Quizá la razón principal por la que en la actualidad buscamos pareja sea expandir nuestro ser. Encontrar a alguien con quien interconectar y trascender nuestra esencia resulta una experiencia personal tan enriquecedora que la inmensa mayoría de personas la buscan de forma incesante. Lo triste es que muchas veces no se alcanza ese nivel de conexión y la expansión no tiene lugar, por lo que se corre el riesgo de caer en el tedio y monotonía, y es ahí donde las parejas comienzan su declive, el cual a veces se convierte en un periplo tan desgraciado que puede conllevar incluso la pérdida de la salud no solo mental, sino también física.

Tests de los matrimonios felices

Lewandowski Jr. realizó un test sobre el matrimonio que mide la autoexpansión. Este cuestionario fue publicado en *The New York Times*. A continuación se reproduce una versión española por su interés. Puedes administrártelo para conocer el nivel de autoexpansión que consigues con tu pareja.

Responde a cada pregunta de acuerdo con la forma en que te sientes al respecto. Para ello utiliza la escala que encontrarás a continuación:

0. Nada
1. Poco
2. Algo
3. Bastante
4. Mucho
5. Muchísimo

1. ¿En qué medida el estar con tu pareja, hace que tengas nuevas experiencias?	O 1 2 3 4 5
2. ¿Cuando estás con tu pareja consideras tener mayor conciencia, ocuparte más de lo que te rodea al estar con él o ella?	O 1 2 3 4 5
3. ¿En qué medida el estar con tu pareja aumenta tu habilidad para hacer cosas nuevas?	O 1 2 3 4 5
4. ¿En qué medida tu pareja ayuda a reafirmar la clase de persona que eres?	O 1 2 3 4 5
5. ¿En qué medida ves a tu pareja como una opción para ayudarte a expandir tus propias capacidades?	O 1 2 3 4 5
6. ¿En qué medida las aptitudes de tu pareja compensan tus debilidades como persona?	O 1 2 3 4 5
7. ¿En qué medida sientes que cuentas con una mayor perspectiva de las cosas gracias a tu pareja?	O 1 2 3 4 5
8. ¿En qué medida el estar con tu pareja ha hecho que aprendas nuevas cosas?	O 1 2 3 4 5
9. ¿En qué medida el conocer a tu pareja te ha vuelto una mejor persona?	O 1 2 3 4 5
10. ¿En qué medida tu pareja ha incrementado tu nivel de conocimiento en general?	O 1 2 3 4 5

Corrección

Al final, suma tus respuestas y busca los resultados para evaluar el nivel de autoexpansión que te aporta tu relación de pareja.

Resultados

✓ **Más alto de 60: altamente expansiva**

Estás ganando muchas experiencias y objetivos nuevos como resultado de tu relación. Hay grandes posibilidades de que tengas una relación más feliz y sustentable.

✓ **De 45 a 60: moderadamente estimulante**

Tu relación te ha llevado a ser moderadamente mejor en tu vida y has tenido algunas experiencias nuevas. Pero, en definitiva, es mucho lo que se puede hacer para mejorar.

✓ **Por debajo de 45: baja conexión**

Tu relación no crea oportunidades para expandir tu conocimiento y hacerte sentir mejor contigo mismo. Haz un esfuerzo por intercambiar nuevas experiencias con tu pareja a fin de mejorar la relación entre vosotros.

Este pequeño cuestionario si nos lo aplicamos con sinceridad, nos ayudará a orientarnos sobre los niveles de autoexpansión que somos susceptibles de alcanzar junto a nuestra pareja o amigos íntimos. Si los resultados no son tan buenos como hubiéramos deseado, debemos de ser positivos y en vez de angustiarnos, decidirnos a aumentar nuestro grado de autoexpansión, porque sabemos que eso es importante para mejorar nuestras relaciones íntimas. Recordemos que al crear oportunidades para autoexpandirnos, estamos trabajando el crecimiento personal y mutuo. Por tanto, bien vale la pena hacer un esfuerzo extra.

A continuación realizamos una propuesta de ejercicios que podría resultar útil a todas aquellas personas que tienen su pareja o su amigo ideal, pero que no han salido tan favorecidos en el cuestionario anterior y no saben cómo hacer para conseguir el objetivo de la expansión mutua junto a esa persona especial.

Ejercicio 35. Actividades de autoexpansión

- A continuación describe una serie de **capacidades** que quisieras desarrollar y mejorar junto a una persona especial con la que quieras autoexpandirte:

_____

_____

_____

_____

- A continuación describe una serie de **actividades** que te encantaría compartir con esa persona especial que tienes en mente:

_____

_____

_____

_____

- A continuación describe alguno de los **conocimientos** que quisieras adquirir junto a esa persona especial:

_____

_____

_____

_____

- A continuación describe algunas de las **personas** con las que te gustaría alcanzar el fenómeno de la autoexpansión:

_____

_____

_____

_____

(Continuación del ejercicio)

■ A continuación describe alguno de los **vínculos** que quisieras potenciar junto a esa persona especial:

_____

_____

_____

_____

■ A continuación describe algunas de las **emociones positivas** que te gustaría compartir junto a esa persona especial:

_____

_____

_____

_____

■ Y finalmente describe algunas de las **cualidades personales** que te gustaría potenciar junto a esa persona especial:

_____

_____

_____

_____

Lo importante del ejercicio anterior no es tanto rellenarlo tras una reflexión atenta, como el poner en práctica cada uno de sus apartados. Como fácilmente se puede ver, este pequeño ejercicio recoge aquellos elementos que nos pueden servir de guía para conseguir autoexpandirnos y crecer junto a la persona elegida, ya se trate de una amistad íntima o de una pareja romántica.

Lo importante es el crecimiento mutuo, la unión interpersonal y única. Si se tratara de un amigo/a, el disfrute sería máximo y esto ayudaría a mejorar la calidad de la experiencia, con la incidencia clara que esto tiene en el bienestar personal. En el caso de tratarse de la pareja sentimental, las repercusiones positivas podrían ser mayores, incluso el beneficio sería tan grande y tu pareja disfrutaría tanto del tiempo en común, que se podría alejar el fantasma de la tentación de la infidelidad. Esto parece un hecho, nadie que disfruta de una experiencia en pareja significativa desea romper esa unión.

No lo dudes, si quieres conservar a tus mejores amigos y a tu pareja cerca, alejar el fantasma de la infidelidad y disfrutar y crecer junto a ellos, bien merece que hagas el esfuerzo de practicar una vida de calidad a través de la autoexpansión.

Puntos clave

¿Qué es el flujo íntimamente compartido o autoexpansión?

La autoexpansión es un fenómeno que se da cuando dos personas en íntima unión crecen como personas, fortaleciéndose los lazos de intimidad experimentados entre ambos.

¿Cómo se consigue alcanzar la autoexpansión?

La autoexpansión tiene lugar cuando se realiza junto a aquella persona o personas de nuestra elección cierto tipo de actividades emocionantes y activadoras, las cuales ayudan a las partes a crecer personalmente y a sentirse íntimamente conectadas, satisfechas y felices.

Cómo son las actividades de autoexpansión y cuándo se dan

Para que las actividades lleguen a provocar el fenómeno de la autoexpansión, es necesario que cuenten con dos tipos de características, estas son en el siguiente orden:

- La novedad.
- La excitación.

Este tipo de actividades suelen darse en el contexto del tiempo libre, pero esto no es imprescindible, también se pueden dar en otros momentos no lúdicos.

¿Cuánto dura el efecto del fenómeno de la autoexpansión en las personas?

No se sabe cuánto duran los efectos inmediatos positivos tras la autoexpansión, pero parece que estos son duraderos. Lo que sí se cree es que una alta frecuencia de experiencias de autoexpansión hace crecer y unir a las personas.

Autoexpansión e infidelidad

Las personas que potencian este proceso son los que más felices y menos infieles resultan, mientras que aquellas que no lo hacen caen en la rutina y el aburrimiento.

Epílogo

Ahora, que los tiempos que vivimos nos empujan no siempre por los caminos que nos gustaría elegir, aprender a sentir, a disfrutar con plenitud, de esos momentos que las circunstancias y nuestra voluntad ponen a nuestro alcance, es más importante que nunca.

Pilar y M.ª del Mar, las autoras, desde su experiencia, pero también desde los años de investigación dedicados al tema, nos guían en el proceso de potenciar esa capacidad, que ahí tenemos y tan poco usamos.

Miguel Ángel Pérez Nieto
Psicólogo. Decano de la Facultad de Educación
de la Universidad Camilo José Cela.

Bibliografía especializada

Aron, A. y Aron, E.N.: *Love and expansión of self: Understanding attaction and satisfaction*, Hemisphere, Nueva York, 1986.

Aron, A. y Aron, E.N.: "Love and expansión of the self: The state of the model", *Personal Relationships*, 3, 1996, pp. 45-58.

Aron, A., Aron, E.N., Tudor, M. y Nelson, G.: "Close relationships as incluiding other in the self", *Journal of Personality and Social Psychology*, 60, 1991, pp. 241-253.

Asakawa, K.: "Flow Experience, Culture, and Well-being: How do Autotelic Japanase College Students Feel, Behave, and Think in Their Daily Lives?", *Published on line*, 04 January 2009.

Asakawa, K. y Yana, K.: "Applying Flow Theory to the Evaluation of the Quality of experience in a Summer School Program Involving E-interaction", *Hosei University Repository*, 2010.

Bervoets, J.: *"Exploring the relationships between flow, mindfulness, and self-talk: a correlational study"*, Tesis doctoral: University of Jyväskylä, 2013.

Cebolla, A., Enrique, A., Alvear, D., Soler, J. y García-Campayo, J.: "Psicología positiva contemplativa: integrando mindfulness en la psicología positiva", *Papeles del psicólogo*, 38, 2017, pp. 12-18.

Collins, A. L., Sarkisian, N. y Winner, E.: "Flow and Happiness in Later Life: An Investigation into the Role of Daily and Weekly Flow Experiences", *J. Happiness Stud*, DOI 10, 2008, 1007/s10902-008-9116-3.

Csikszentmihalyi, M.: *Beyond boredom and anxiety*, Jossey-Bass, San Francisco, 1975.

Csikszentmihalyi, M.: "The concept of flow", en B. Sutton-Smith (Ed.) *Play and learning,* 1979, pp. 335-358.

Csikszentmihalyi, M.: *Flow: The psychology of optimal experience,*Harper y Row, Nueva York, 1990.

Csikszentmihalyi, M.: *Finding Flow: The psychology of engagement with everyday life,* Basic Books, Nueva York, 1997.

Csikszentmihalyi, M.: "La experiencia del flujo y su importancia para la psicología humana", en M. Csikszentmihalyi y I. S. Csikszentmihalyi (Eds.) *Experiencia Óptima. Estudios psicológicos de Flujo en la Conciencia,* Desclée de Brouwer, Bilbao (Orig. 1988), 1998, pp. 31-48.

Csikszentmihalyi, M.: *Fluir en los Negocios,* Kairós, Barcelona, 2003.

Csikszentmihalyi, M.: "Creatividad", *El fluir y la psicología del descubrimiento y la invención,* Paidós, Barcelona, (Orig. 1996), 2005.

Csikszentmihalyi, M.: *Aprender a Fluir,* Kairós, Barcelona, 2007.

Csikszentmihalyi, M.: *El Yo evolutivo. Una psicología para un mundo globalizado,* Kairós, Barcelona, 2008. [Original: *Finding "Flow": The Psychology of Engagement with Everyday life.* New York: Basic Books (Orig. 1993)].

Csikszentmihalyi, M.: *Fluir (Flow). Una Psicología de la Felicidad,* Kairós Barcelona, 2009a.

Csikszentmihalyi, M.: "El flujo", en E. G. Fernández-Abascal (Coord.) *Emociones positivas,* Ediciones Pirámide, Madrid, 2009b, pp. 181-193.

Csikszentmihalyi, M. y Csikszentmihalyi, I. S.: "Introducción a la parte IV. En M. Csikszentmihalyi y I. S. Csikszentmihalyi (Eds.)", *Experiencia Óptima. Estudios psicológicos de Flujo en la Conciencia,* Desclée de Brouwer, Bilbao (Orig. 1988), 1998, pp. 245-258.

Csikszentmihalyi, M. y Graef, R.: "The experience of freedom in daily life", *American Journal of Community Psychology, 8,* 1980, pp. 401-414.

Csikszentmihalyi, M. y Hunter, J.: "Happiness in everyday life: The uses of experience sampling", *Journal of Happiness Studies* 4(2), 2003, pp. 185-199.

Csikszentmihalyi, M. y Larson, R.: *Being adolescent,* Basic Books, Nueva York, 1984.

Csikszentmihalyi, M. y Larson, R.: "Validity and reliability of the Experience Sampling Method", *Journal of Nervous and Mental Disease,* 175, 1987, pp. 526-536.

Csikszentmihalyi, M., Larson, R. y Prescott, S.: "The ecology of adolescent activity and experience", *Journal of Youth and Adolescence,* 6, 1977, pp. 281-294.

Csikszentmihalyi, M. y LeFevre, J.: "Optimal experience in work and leisure", *Journal of Personality and Social Psychology, 56,* 1989, pp. 815-822.

Csikszentmihalyi, M. y Nakamura, J.: *The dynamics of intrinsic motivation: A study of adolescents.* En: C. Ames and R. Ames (Eds.), Research on Motivation in Education: Goals and Cognitions, Academic Press, Nueva York, 1984, pp. 45-71.

Csikszentmihalyi, M. y Nakamura, J.: "Emerging goals and the self-regulation of behaviour". En: R.S. Wyer (Ed.), *Advances in social cognition: vol.12. Perspectives on behavioral self-regulation,* Erlbaum, Mahwah, 1990, pp. 107-118.

Csikszentmihalyi, M. y Rathunde, K.Y.: "The measurement of flow in everiday life: Toward a theory of emergent motivation". En: J.E. Jacobs (Ed.) *Nebraska Symposium on Motivation, 40,* University of Nebraska Press, Lincoln, 1993, pp. 57-97.

Csikszentmihalyi, M. Rathunde, K.Y. y Whalen, S.: "Talented teenagers: The roots of success and failure", Cambridge University Press, Nueva York, 1993.

Csikszentmihalyi, M. y Robinson, R.: *The art of seeing,* J. Paul Getty Museum and the Getty Center for Education in the Arts, Malibu,1990.

Deci, E.L. y Ryan, R.M.: *Intrinsic motivation and self-determination in human behaviour,* Plenum, Nueva York, 1985.

Delle Fave, A. y Bassi, M.: "The quality of experience in adolescents' daily life: development perspectives", *Genetic, Social and General Psychology Monographs,* 126, 2000, pp. 347-367.

Delle Fave, A., Bassi, M. y Massimini, F.: "Experiencia óptima y evolución humana". En: C. Vázquez. y G. Hervás (Coords.) *La Ciencia del Bienestar. Fundamentos de una Psicología Positiva,* Alianza Editorial, Madrid, 2009, pp 209-227.

Diener, E., Oishi, S. y Lucas, R.E.: "Personality, culture and subjective well-being: Emotional and cognitive evaluations of life", *Annual Review of Psychology,* 54, 2003, pp. 403-425.

Fernández-Abascal, E.G.: "Emociones positivas, psicología positiva y bienestar". En: E.G. Fernández-Abascal (Coord.), *Emociones positivas,* Pirámide, Madrid, 2009, pp. 27-45.

Fernández-Abascal, E.G., Martín, M.D. y Jiménez, M.P: Psicología de la Emoción y la Motivación. En E.G. Fernández-Abascal, M.P. Jiménez Sánchez y M. D. Martín Díaz (Eds.), *Emoción y Motivación. La adaptación Humana* Vol. I Editorial Ramón Areces, Madrid, 2007, pp. 3-43.

Fernández-Dols, J.M. y Carrera, P.: "La complejidad de las emociones positivas". En: C. Vázquez y G. Hervás (Eds.), *La Ciencia del Bienestar. Fundamentos de una Psicología Positiva,*Alianza Editorial, Madrid, 2009, pp. 47-74.

Fernández Marín, M.P., Martín Javato, L., Pérez-Nieto, M.A. y González-Ordi, H.: "Evaluación del flujo psicológico: estudio comparativo entre dos escalas de medida", EduPsykhé, 10(1), 2011, pp. 75-96.

Fernández Marín, M.P., Morales, M.M. y Pérez Nieto, M.A.: Experiencias óptimas en profesionales sanitarios: un estudio exploratorio. Portal Sanitario de Asepeyo. http://salud.asepeyo.es. , 2013.

Fernández Marín, M.P., Pérez Nieto, M.A. y González Ordi, H. y Martín Javato, L.: "Flujo psicológico y relaciones con otras actividades afines". En I. Montero, M. J. Sierra y J. A. Huertas (Eds.): *La investigación en motivación y emoción,* Ediciones UAM, Madrid, 2012, pp. 19-35.

Fernández Marín, M.P., Pérez Nieto, M.A. y González Ordi, H.: "Efecto del flujo y el afecto positivo en el bienestar psicológico", *Boletín de Psicología,* 107, 2013, pp. 71-90.

García-Calvó, T., Jiménez, C.R., Santos-Rosa, F., Reina, R. y Cervelló, E.: "Psicho-metric Properties of the Spanish Version of the Flow State Scale", *The Spanish Journal of Psychology, 11 (2),* 2008, pp. 660-669.

García Campayo, J., Cebolla, A. y Demarzo, M.: *La Ciencia de la Compasión. Más allá del mindfulness,* Alianza Editorial, Madrid, 2016.

García Campayo, J. y Demarzo, M.: *Mindfulness Curiosidad y Aceptación,* España: Siglantana. Ilusbooks. (2014).

García Campayo, J. y Demarzo, M.: *Mindfulness y Compasión. La nueva revolución,* Siglantana, Ilusbooks, 2015.

Gardner, F.L. y Moore, Z.E.: *The psychology of enhancing human performance: The Mindfulness-Acceptance-Commitment (MAC) approach,* Springer, Nueva York, 2007.

Graham, J.M.: "Self-Expansion and Flow in Couples' Momentary Experiences: An Experience Sampling Study", *Journal of Personality and Social Psychology,* 95(3), 2008, pp. 679-694.

Harris, R.: *La trampa de la felicidad. Deja de sufrir, comienza a vivir,* Barcelona, Planeta, 2010.

Huertas, J.A.: "Las teorías de la motivación desde el ámbito de lo cognitivo y lo social", En F. Palmero y F. Martínez Sánchez (Eds.): *Motivación y Emoción,* McGraw Hill/Interamericana de España, Madrid, 2008, pp. 69-93.

Jackson, S.A. y Csikszentmihalyi, M.: *Fluir en el Deporte. Claves para las experien-cias y actuaciones óptimas,* Paidotribo, Barcelona, (Orig. 1999), 2002.

Jiménez, M.P.: "Motivación intrínseca competencia autodeterminada y control", En E.G. Fernández-Abascal, M. P. Jiménez Sánchez y M. D. Martín Díaz (Eds.). *Emoción y Motivación. La adaptación Humana* Vol. II, Editorial Ramón Areces, Madrid, 2007, pp. 797-827.

Kabat-Zinn, J.: *Vivir con plenitud las crisis. Cómo utilizar la sabiduría del cuerpo y de la mente para afrontar el estrés, el dolor y la enfermedad,* Kairós, Barce-lona, 2013.

Keyes, C.L.M.: "Mental health and/or mental illness? Investigating axioms of the complete state model of health", *Journal of Consulting and Clinical Psychology, 73*, 2005, pp. 539-548.

Langer, E.J.: *Mindfulness. La conciencia plena*, Paidós, Barcelona, 2007.

López Torres, M., Torregrosa, M. y Roca, J.: "Características del ¨Flow", Ansiedad y Estado Emocional, en relación con el Rendimiento de Deportistas de Élite", *Cuadernos de Psicología del Deporte, 7(1)*, 2007, pp. *25-44*.

Lyubomirsky, S.: *La Ciencia de la Felicidad*, Urano, Barcelona, 2008.

Lyubomirsky, S.: "Why are some people happier than others? The role of cognitive and motivational processes in well-being", *American Psychologist*, 56, 2001, pp 239-249.

Maslow, H.A.: *Motivation and Personality*, Harper and Collins, Nueva York, 1954.

Massimini, C. y Carli, M.: "La evaluación sistemática del flujo en la experiencia cotidiana". En Csikszentmihalyi, M. y Csikszentmihalyi, I. S. (Eds.): *Experiencia Óptima. Estudios psicológicos del Flujo en la Conciencia*, Desclée de Brouwer, Bilbao, (Orig., 1988), 1998, pp. 259-281.

Mesurado, B.: "Comparación de tres modelos teóricos explicativos del constructo experiencia óptima o *Flow", Interdisciplinaria,* 26 (1), 2009, pp. 121-137.

Morales, M.M, Fernández Marín, M.P., Pérez Nieto, M.A. y Miranda, M.T.: "Fenómenos psicológicos positivos en profesionales de la salud y el alumnado universitario", *Scientia* 16(2), 2011, pp. 118-132.

Morales, M.M., Fernández Marín, M.P., Pérez Nieto, M.A., Collado, J.A. y Miranda, M.T.: "Rendimiento cumbre, patrones de alto desempeño y flow en profesionales sanitarios, docentes y estudiantes universitarios. Una aproximación introductoria", *Actualidad Médica,* 97(786), 2012.

Moreno, J.A., Cervelló, E., Martínez Galindo, C. y Alonso, N.: "Predicción del flow disposicional según el clima motivacional y el trato generado por el profesor en clase de educación física", *Análisis y Modificación de Conducta, 33,* 2007, pp. 207-228.

Nakamura, J. y Csikszentmihalyi, M.: "Flow theory and research", En C.R. Snyder y S. J. López (Eds.). *Handbook of positive psychology*, Oxford University Press, Nueva York, 2008.

Privette, G.: "Peak Experience, Peak Performance, and *"Flow"*: A Comparative Analysis of Positive Human Experiences", *Journal of Personality and Social Psychology*, 45(6), 1983, pp. 1361-1368.

Ravizza, K.: "Peak experiences in sport", *Journal of Humanistic Psychology, 17*(4), 1977, pp. 35-40.

Ricard, M.: *En defensa de la felicidad,* Urano, Barcelona, 2009.

Rodríguez, A. M. y Cifre, E.: *Flow y bienestar subjetivo en el trabajo,* Síntesis, Madrid, 2012.

Rodríguez, A.M., Cifre, E. y Salanova, M.: "Cómo mejorar la salud laboral generando experiencias óptimas", *Gestión Práctica de Riesgos Laborales, 46,* 2008, pp. 20-25.

Rodríguez, A.M., Cifre, E. Salanova, M. y Aborg, C.: "Technoflow among Spanish and Swedish students: A Confirmatory Factor Multigroup Analysis", A*nales de Psicología, 24(1),* 2008, pp. *42-48.*

Rodríguez, A. M., Salanova, M. y Cifre, E.: "Operationalizing flow in professional ICT users". En P. Mondelo. M. Mantilla. W. Karwowski y A. Hale (Eds.): ORP *2004 Perceding -3rd International Conference on Occupational Risk Prevention*, Universitat Politècnica de Catalunya, Barcelona, 2004.

Rodríguez, A. M., Schaufeli, W. B., Salanova, M. y Cifre, E.: "Flow Experience among Information and Communication Technology Users", *Psychological Reports, 102,* 2008, pp. *29-39.*

Russell, J.A.: "Core affect and the psychological construction of emotion", *Psychological Review*, 110, 2003, pp. 145-172.

Ryan, R.M.: "Agency and organization: Intrinsic motivation, autonomy and the self in psychological development". En R. Dientsbier (Ed.), *Nebraska symposium on motivation,* Vol. 40, University of Nebraska Lincoln, NE Press, 1993, pp.1-56.

Ryff, C.D.: "Happiness is everything, or is it? Explorations on the meaning of psychological well-being" *Journal of Personality and Social Psychology,* 57, 1989, pp. 1069-1081.

Ryff, C.D.: "Pychological well-being in adult life", *Current Directions in Pyschological Science,* 4, 1995, pp. 99-104.

Ryff, C.D. y Keyes, C.L.M.: "The structure of psychological well-being revisited", *Journal of Personality and Social Psychology, 69,* 1995, pp. 719-727.

Salanova, M., Bakker, A. y Llorens, S.: Flow at work: evidence for a gain spiral of personal and organizational resources. *Journal of Happiness Studies, 7,* 2006, pp. 1-22.

Salanova, M., Martínez, I.M., Cifre, E. y Schaufeli, W.B.: "¿Se pueden vivir experiencias óptimas en el trabajo? Analizando el *flow* en contextos laborales", *Revista de Psicología General y Aplicada, 58*(1), 2005, pp. 89-100.

Salanova, M., Peiró, J. M. y Schaufeli, W.B.: "Self-efficacy Specificity and Burnout among Information Technology Workers: An extension of the Job Demands-Control Model", *European Journal on Work and Organizational Psychology,* 11, 2002, pp. 1-25.

Salanova, M. y Schaufeli, W.B.: *El Engagement en el trabajo. Cuando el trabajo se convierte en pasión,* Alianza Editorial, Madrid, 2009.

Seligman, M.E.P.: *La auténtica felicidad,* Ediciones B, Barcelona, (Orig. 2002), 2005.

Seligman, M.E.P.: *La vida que florece*, Ediciones B, Barcelona, 2011.

Seligman, M.E.P. y Csikszentmihalyi, M.: "Positive psychology: An introduction", *American Psychologist, 55,* 2000, pp. 5-14.

Siegel, D.J.: *Cerebro y mindfulness. La reflexión y la atención plena para cultivar el bienestar*, Paidós, Barcelona, 2010.

Simón, V.: *Aprender a practicar Mindfulness,* Sello Editorial, Madrid, 2013.

Simón, V.: *La compasión: el corazón del Mindfulness*, Sello Editorial, Madrid, 2015.

Teasdale, J., Williams, M. y Segal, Z.: *El camino del mindfulness. Un plan de 8 semanas para liberarse de la depresión y el estrés emocional*, Paidós, Barcelona, 2015.

Vázquez, C.: "La Ciencia del Bienestar Psicológico". En C. Vázquez y G. Hervás (Eds.): *La Ciencia del Bienestar. Fundamentos de una Psicología Positiva*, Alianza Editorial, Madrid, 2009, pp.13-46.

Vázquez, C. y Hervás, G.: *La ciencia del bienestar. Fundamentos de una Psicología Positiva*, Alianza Editorial, Madrid, 2009.

Vázquez, C. y Hervás, G. y Ho, S.: "Intervenciones clínicas basadas en la psicología positiva: fundamentos y aplicaciones", *Psicología Conductual*, 14, 2006, pp. 401-432.

Williams, M., Penman, D.: *Mindfulness. Guía práctica para encontrar la paz en un mundo frenético*, Paidós, Barcelona, 2013.

Relación de ejercicios

Índice temático

Otros títulos de la colección

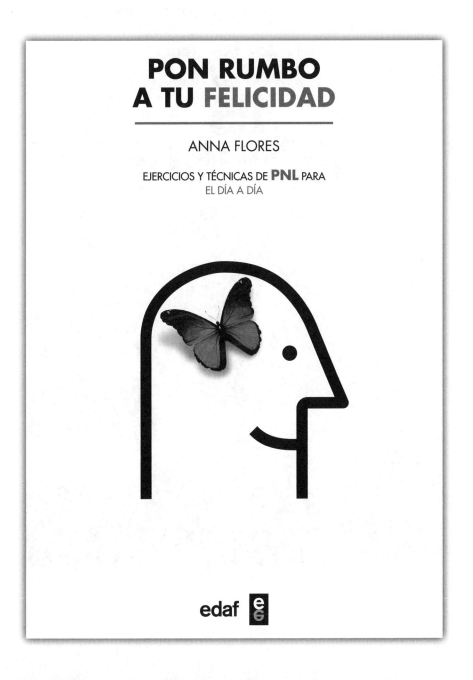

**PON RUMBO
A TU FELICIDAD**

ANNA FLORES

EJERCICIOS Y TÉCNICAS DE **PNL** PARA
EL DÍA A DÍA

edaf

LUIS PÉREZ SANTIAGO

TODO ES POSIBLE

APRENDE A GESTIONAR
TU VIDA CON EL *COACHING*
Y EL MÉTODO SILVA
DE CONTROL MENTAL

Prólogo de **Diana Silva**

edaf